Os fantasmas inquilinos

Daniel Jonas

Os fantasmas inquilinos

Poemas escolhidos

seleção e posfácio
Mariano Marovatto

todavia

Canícula (2017)

Entrei na casa e soube 13
Resiste o fatídico licorne: o narval na sua justa 15
Eu suo a Bica... 17
Deixa a cidade explodir de velhotas, 21
Passo por mim que era antes 22
A casa é uma clausura 23
No dia em que fui imenso 25
É sexta? 27
O vento faz o vidro 28
Aborrecem-me os silêncios, a gramática do espaço em branco 29
Vou subindo vagaroso. 31
Eu queria era esperar, esperar convicto qualquer coisa, 39
A erva do diabo — diz-se — é boa para as borboletas. 40
Neste restaurante em que me demoro 41
O joelho do camelo, o nó da árvore, 43
O honesto, o ilustre, o boa pessoa 44
Na profundidade de campo deste tubo 45

Bisonte (2016)

Flores 51
Escarpas e Éolo 54
Brejo 55
Totem 56
Ferrugem 57
A partir de Respighi 59
Às pinhas 61
Como o apicultor 64

O vento 66
Deslocação das nuvens 67
Em viagem 78
Oblívio 79
Cavalos 82
Banco de jardim 84
A um corcunda 87
A tua memória é uma dor constante 89
Inerte 92
Composição a negro cinzento 96
Rugas 97
Obitué 98
Ao ler os poetas 100
Aula de natação 102
Dies irae 104
O cansaço do canto 105

Passageiro frequente (2013)
Os dias declinando 109
Uma perda observada 110
Agnus Dei 111
Casas 112
Imitação de vida 113
Nostalgia 115
Ossétia 116
A ponte 117
Trigueiros 119
Instalação 120
Spleen 122
Paredes de vidro 123

Paralelepípedos espelhados 125
Resistência dos materiais 126
Estou parado 128
Velho mestre 129
Um lamento 130
Amantes 132
O baptista 133
Repartição quase 135
Olhando para trás, ele considera e lamenta 137
Já longe vai aquela estrada, aonde 139

Os fantasmas inquilinos (2005)
Os fantasmas inquilinos 143
Nem um verbo me move 145
Vou aguçando meu lápis no papel 146
Trabalho e trabalho 147
Patos 148
Opacidade 149
Carro 150
Não quero propósito nenhum sem propósito, Kant 151
Uma saison nos infernos 152
Crítica de Miguel Gomes a *Funny Games* de Michael Haneke 153
Curfew 154
Varanda 156
Já não é possível enrolar mais esta erva 158
Piscis 159
Poética 160
Elementário 161
O meu poema teve um esgotamento nervoso. 162

Oblívio (2017)

Porque lhe fui negar prudente e lido 165
Quem és? Não te conheço, companheiro. 166
Ah, espírito dos bosques, um focinho 167
Sob o arame farpado de andorinhas 168
Na plataforma, à beira de um abismo 169
Ah, gosto da bebida inteligente! 170
Façamos um soneto, tu e eu. 171
O meu ideal são todas, sem excepção. 172
Amemo-nos, ao menos, já nos maça 173
Má sorte ser senhor de quem não ama 174
Amor, se nos teus anos vinte e nove 175
Onde andas, jogger, *tu, que galopavas,* 176
Porque pedala este sempre igual? 177
Privado de viandas, de água e pão, 178
O jovem que era o jovem que é censura. 179
Um dia deixarei de aparecer. 180
Do dúctil gato vede o corpo duro. 181
O cão da noite entrou-me em casa às quatro. 182
Àqueles que nos deram vida a nós 183
As hastes penduradas do veado, 184
Jamais tive eu amor senão por ti. 185
Ali do promontório John dos Passos 186
Arranhou-se nas rosas. Arranhou-se 187
Daqui se enxuga a lágrima passada 188

Nó (2014)

Do ventre da baleia ergui meu grito: 191
O que resta, janela, da limpeza 192
Demoro-me nas horas mais tardias. 193

Sonhando danças, vígil marcas passo. 194
Se não te amarem finge que não amas. 195
Dói-me o que não escrevi, e não tive em sorte, 196
Soneto não me mintas, não me inventes. 197
Não bebas da saliva da má língua: 198
Ninguém se oponha às núpcias desta esperança 199
Pensar, pra quê? Que pensem outros. Raro 200
Este relógio ouço noite e dia 201
Meu coração, meu coração, tu és 202
Menisco, porque chamas, que é, esqueci-te? 203
Ó centro do prazer puro, partiste 204
Senhora com a neve na cerviz, 205
Sem carne, emaciado o mamute, 206
Três rosas choram, brancas e tombadas. 207
Um rio suicida-se, João. 208
Por Ramusio sei quem foi Cortés 209
Caracol, eis-nos no mesmo lugar. 210
Nos juncos tanta flauta e só o vento 211
Discreta flor em branco prado, ó bela 212
Estranho para o mundo ousei sentir 213
Meu Deus, quão grande é tudo e tudo nada! 214
Não é ser pessimista, só não sou 215

Sonótono (2007)

Acordo-te, manhã, p'ra te dizer 219
É outono e chove no meu soneto. 220
Com dúvidas te creio, deusa Vesta, 221
Quão cedo o tempo, ímpio, ladrão de anos 222
Haverá alguma flor de inteiro negro, 223
Não se ame a cor ao brusco camaleão 224
Inóspito e hostil, meus dois amigos, 225

Que ela voltasse. Diz ao rapazinho **226**
Porque eu quis que se fosse foi-se e é verão. **227**
Ó minha alma, topónimo perdido, **228**
Também tu, lavandisca, só e incerta, **229**
Falemos pois sobre isso tu e eu. **230**
É tarde que te canto ou cedo foste **231**
Por que te foste, efémera, quando mais **232**
A um sinal, a um sinal teu somente eu, **233**
Subtil sublime em mim, tremendo músculo, **234**
Eu queria que tu viesses, mas não vens. **235**
Chegaste tarde vinte anos p'lo menos **236**
Não sei, de tanto lado vem o apelo, **237**
O sol abriu no meu soneto, o sol, **238**
O nome, evitarás o nome, a ideia. **239**
Em espelhos d'água doo de me ver. **240**
O meu soneto entre outras coisas serve **241**
Na quietude da noite irrequieto **242**
O grande pé me esmaga, a dor me sofre, **243**
Em perdê-lo soubera encontrá-lo? **244**
Agora que o sistema se agregou **245**
Seus olhos de erva verdes ver não quis **246**

Posfácio
Mariano Marovatto **247**

Canícula
(2017)

Entrei na casa e soube
que não era a sua primeira vez
nem a minha primeira vez
apenas a nossa primeira vez em nós
na nossa habitação conjunta;
os meus sentimentos frios com ela,
os seus sentimentos frios comigo
nada impuseram a não ser uma coabitação analítica
de necessidade ou desejo
como nuvens que habitam um céu temporário
tornado temporário pelas nuvens que o habitam.

Nem fomos mais cordiais um com o outro
com o passar do desejo ou da necessidade,
apenas figurantes de circunstância
rechaçando o papel
passando os nossos corpos um pelo outro
(ela mais magnânima porque acolhendo-me
permitindo que a pisasse)
como uma simpatia que se diz
entre convivas de ocasião forçada.

Se eu fosse uma casa esta eu não seria.
E vou vagueando por circunstância ou tédio
na clausura da avalanche
com a mão empunhada contra o morto que se vigia
e morde o lenço ensopado
e é um calço para a testa desvalida
na sua novena de tremuras

apenas mediado pela cigarra canicular
do frígido frigorífico,
um zunido de uma palavra só   ›

como um zângão enlouquecido
que a cal não cala
antes reverbera nos ângulos
do nevão cálido da casa.

הָלֵס

Resiste o fatídico licorne: o narval na sua justa
empunha o seu cajado de pastor dos mares
empalando os carneiros das ondas
e o bulício do profundo
baque pelágico
do silêncio penumbroso.

A casa é o ventre do grande cetáceo
e eu o insignificante arpoador
acupunctor de imenso
lombo nórdico, mínima paisagem
na acumulação dos mares.
Todos os ponteiros infaustos: mastros, arpões, pernas de pau
pirâmides de madeiros clamando o fogo dos autos
bêbados de espuma e ouriçados entre si
como espinhos de loucura na cabeça da filosofia.

Restam os dentes, o entreacto das esperas,
os pés rojando
como répteis de que se ergueram,
aqui se entristecendo nas tábuas não rangentes.
Rasgo as nuvens às paredes,
abro o céu cerúleo à força de o pensar
e rebentam as chuvas do horizonte,
as paredes de água, o dilúvio da casa,
a pulsão da trave, a entorse da viga,
a força inquestionada das aranhas
escrevendo no papel ebúrneo dos umbrais
o rizoma lento da armadilha,
versos para as moscas.

Eu sou o salmista dos mares
e o meu saltério o chiante fole da espuma! ›

Irei por Inverness, por Angus, Dundee, o Barreiro
expelindo as ameias dos meus dentes
contra a tumefacção purulenta
da secretária de Pascal!
Eu quero sair da casa!
Eu quero arpoar o lombo dos mares
com a minha canção troando de madeiros plangentes!

הָלָס

Eu suo a Bica...
Vou joeirando água da fronte
com o pano supino de dedos
de onde espremo o nervo
e limpo o escorrido do que me liquefiz.

A peiria iça-me ao Chiado.
Arco o impedimento legionário
como um corcunda
com uma colina por souvenir
e uma missão transitória e vulgar
de subir a íngreme lição da vida
sem aprender nada a não ser
a passagem lugar de estância alguma.

Eu que vou dali para acolá.
Eu que acontecia e agora não.
O que aconteceu ao que eu acontecia?
O que aconteceu ao que me acontecia?

Eu que ando em andas
como andor chocalheiro e domingueiro
para o melhor fato dos tristes,
como condor de asa feito pata
arrastada pelo céu rasante e inevitável
humilhante de atrito e arrasto
pela rarefacção amoniacal das mercearias,
as minhas pernas do dromedário
levando-me a bossa de eremita,
a minha colina
à pedra de Sísifo.

A cidade range de calor
como um cão.
Os velhos pousando os seus entrecostos
à fresca dos óxidos
sem memória que lhes valha
confundindo uma tília
com um velho conhecido
triturando a placa lassa dos caninos
mascantes e elevatórios
olhando como vacas de pastagem
o gado-electricum que passa e lhes acena
um badalo do promontório de ali perto
soando como sinos derradeiros
e afinal eram o dezoito ou o vinte e oito ou lá o que é...
a icterícia do trólei
saturando o core do lacrau da tarde
ardendo na greta das caixas postais
e como mínimas resistências
esperando no pináculo dos mecos e dos pinos
por um vulto que as derrube
as sardaniscas pequenos crocodilos
banhando-se ao sol do transístor.

Eu recurvo úbere sobre o cimo da colina,
Eu vacum sobre o mamilo da alvenaria,
Eu Sírio de repente na abóboda da Bica!

Olho para baixo — que vertigem!
Olho para baixo das alturas de mim mesmo
e noto que afinal sou grande e desmedido
e projecto no altifalante do sobrecéu ressoante ›

a gana de ser útil à irmandade do tédio,
ao delírio achincalhante da louca coreografia dos transeuntes
ao assistir positivo ao churrasco de um chiclete na sarjeta,
ao lancinante prestígio do vadio de repente...

A cidade é um frémito de brilhos.
Persigo os autocarros como se fossem filósofos.
Vou supondo que me vou e de mim vou à minha frente
duplicado de mim para o observar
e concluir e constatar
que me fui de mim me desviando
tantas vezes...

Amealho as marés de as contas,
empino-me no obelisco hirsuto das palmeiras,
clamo o peixe batendo contra o molhe,
coso o rio dos rasgões das proas

e os carris que forjo são já fios de ferro
com que me coso os passos
e os suturo em paralelas até ao infinito.

E se descer? E porque não
ir ao Conde-Barão?
E se subir para outra coisa?

Para aquela onda formada
por um bando de gaivotas
levando o mar ao céu,
exactas, procelosas, prateadas
penteando a espuma das asas

nuvem que se borrifa
contra o azul crayonado
da minha possibilidade?

Eu persigo-me sempre antes de mim...

הָלַס

Deixa a cidade explodir de velhotas,
tu e eu não temos nada com isso
condenados às hélices dos trevos
e à nossa jovialidade deslocada
livres correremos dois cervos.

De um junco faremos uma flauta
e como nem só de água vive um cântaro
oxidemo-nos a cada nota metálica
e chamemos a tarde e a noite
e por fim os dias onde a tantálica

sede te adejará o meu adeus
como um barco aponta os seus pneus
ao cais de lá de lá do frio.
Faremos uma ponte entre nós
e entre nós há-de secar um rio.

הָלֶס

Passo por mim que era antes
— essa lembrança foi repentina —
e o calor é raso e esgaravata-me o pescoço
e vou subindo o tempo que me leva
da grande indolência de há pouco para maior indolência
ainda que a espera;

amortece-o o grande acaso do que seja
o que olha a intermitência dos néons
e vai vago para lá onde mora
levando o corpo como um saco
Sísifo subindo S. Paulo
chorando o vinagre da agonia
p'los óculos que choram o vidro triste
da vida que antes viram da distância e era perto —

Eu sou o que vejo fora de mim.
Eu sou o desejo e para mim
de mim mesmo caminho...
Eu sou o destino se o destino
não fosse lá no passado...
Eu cá em casa comigo mesmo.
Eu cá em casa dupla
eu em mim mim em casa
a casa na grande paisagem de nada
cebola metafísica roca bolbosa
fiando o seu rebobinar de lágrimas
até ser de novo limpo o nosso passado.

No campanário as horas levantam-se
como mortos dos jazigos.

הָלָס

A casa é uma clausura
se vista de fora e habitada por dentro,
a dura matiné que a noite coroa
com o seu ringue de socos
entre as cordas das paredes
no manso pugilato da concórdia

da pena de si mesmo
sovado pelo obturador frouxo da existência
como num matadouro de diapositivos
a máquina de slides
triturando instantâneos e esquecendo-os
porque repetindo-os

redondos e rígidos

um carrossel de placas e verões passados
e recordações baças e tintadas

o silêncio da tua ainda recente existência.

Belisca-te um corvo a consciência do desmaio:
ainda existes na languidez da pedra.
Um banho como um cavalo,
a água galopando na epiderme inerme
da estátua em que te foste tornando.
Antes um corvo, um pombo agora.

Ouço já o índigo no curaçau...
Far-me-ei ao mar, escamarei a sereia do olvido,
dançarei com corpulentos celtas   ›

sozinho num cromeleque
febril
num sábado à noite.

הָלָס

No dia em que fui imenso
o medo e a dúvida me contrataram
e de essa hora em diante fui travando
o coração de mim que era gigante.

Um mar encapelado via eu em tudo
e na mãe e na lixa das bainhas
fui perpassando os lábios
apenas permitindo as órbitas dos meus mundos
como faróis globosos contra o piche,
contra os sonhos tubulares que me esperavam.

A noite que era límpida
ainda e ainda branda
achou-me e deu-me conchas e vieiras
e búzios para amansar o latido dos mares
e luzes para amar por entre as docas,
ignorando eu ainda a podridão da escura água
e a dimensão obscura da gangrena.

Fui-me demorando em vielas de mim
conquanto fosse lindo como os templos
e deportando-me o tempo da tenda do holocausto
num circo de mim mesmo me achei sorrindo
ao espelho dos palhaços e da itinerância:

Que é do menino lindo, que fizeste dele?,
perguntavam-me sebes e címbalos
e eu sem mais resposta que o arrojo
dos mancos e dos anões e dos potros e dos gastos
me achei perante mim sem a mim mesmo.

Como Moisés, gaguejo desde então com o meu bordão,
separando as águas do silêncio
inscrevendo na terra a errância da passagem,

a tinta fugaz do polvo
que se enleou na fuga de si mesmo.

הָלַס

É sexta?
No quarteirão
nenhum pronunciamento,
nenhuma traição senão
a de um corte de luz
geral.

E chove copiosamente.
As nuvens, esponjas saturadas,
exsudam o vinagre
na inquietação
dos estendais.

O bairro
crucificará alguma coisa:
um santo popular, uma sardinha,
um távora atrasado.
A icterícia das lampas

coada pela transparência
dos mosquitos
verte a sua cerveja
na abelha húmida
presa no mel.

Vou descendo em passo de queda
a calçada mordida
pelo âmbar
desfocando-me
para o flash aleatório
do turista.

הָלָס

O vento faz o vidro
vibrar-se consigo
como que a si se provando
e ao vento perante si.

O vidro faz o vento
vibrar-se consigo
como que a si se provando
e ao vidro perante si.

Tudo sensações:
o vento
sensação do vidro,
o vidro
sensação do vento...

O vento faz o vidro.
O vidro faz o vento.
Assim dois contendores
opondo-se provando-se.

הָלָס

Aborrecem-me os silêncios, a gramática do espaço em branco
onde preencher a bazófia lírica que te reclamas
à janela de ti mesmo.
As chapas ardem, a folha de Flandres
grita de prata
a deflagração dos reflexos
como vozes na asfixia da obnubilação.

Mortos, temos alguns entre nós
correndo em falso sob os baques dos batuques
de um spleenódromo fosco e furibundo,
silêncios espíritas espreitando
das sacadas redundantes dos arrulhos.

Convidam-me à polpa, à orquídea enlouquecida dos estendais,
flâmulas esquartejadas no combate quotidiano
barbacãs de poliéster
tiaras decorativas em cocktails polinésios
de onde se massaja o elixir entre dentes
e a língua se socorre contra as crateras do sal
e aquilata no prenúncio das emboscadas
as sombras dançando contra o reboco
o espelho turvo
de camisas alabastrinas.

Meu Deus, socorre-me, tu que és muito!
Resgata-me a esta bebedeira de prédios ruelas
andaimes bocas de lobo cul-de-sacs
bueiros plazas meios-fios
aos eléctricos engomando o empedrado,
o inferno da engomadeira na Bica
deflagrando no calor tórrido das subidas
como uma bigorna de Hefesto ›

na fisioterapia dos tecidos!
Percorro as escamas dos degraus lentos,
procuro o tempo na expedição do seu desgaste,
e afio-me nas navalhas das sardinhas
como um cão perdido nas espinhas.

O que vejo quando olho, o que me chama,
o que me já demove de o dizer
e me põe este bah constante no bocejo
fechando embora abertos os meus cílios?

A minha sombra
dissecada nos losangos da calçada
a minha sombra
como sobre a pele, a ameaça, a nuvem
de quem se sabe e se insignifica
mínimo e segundo de si mesmo.

O sol não tem sombra e é grande!

Farejo os contentores e as sarjetas
e no vazio das cruzetas o andrajo do vazio
que ali pende a secar.

A casa é um tumulto de abandono.
A casa habita-me muito mais que eu a ela.

הָלֵס

Vou subindo vagaroso.
Vou escalando a custo rumo a todo o lado
gemendo ser todas as coisas
todos os mundos
costurando o meu caminho preso aos óleos
namorando o elevador
surpreendido no polaroid do turista
alpino sobre a Bica
sobranceiro a todo o inglório esforço
do nativo que lhe queria ser a ela
e todas as coisas
e que rebola subindo Sísifo
surpreendido e eternizado no flash
melancólico do olho adunco forasteiro
debicando-lhe um pouco da alma para souvenir
e o condena àquela gaiola
perpétua do instantâneo,
triste nativo-forasteiro subindo a Bica.

É então quando ascendo ao topo do turista
vindo do sopé de mim e da tarde
que me alcandoro por momentos na
realização de Sísifo
chorando sobre o seu Evereste
de postal
e me cruzo contigo um pouco depois
estátua sobranceira sobre a tarde
e lembras que todo o ganho é uma perda
e aquilo que deixei para ser outro
é eu ainda e repetido
no teu desejo paralisado
a perna traçada sobre o cio
quando a canícula rói as cores aos tecidos ›

nestes pátios piscinas de sombra
e patíbulo de sol:
um lagarto radiador de lentura.

Vou subindo vagaroso.
Vou subindo a contragolpe do sol
solitário, taciturno, mastigante,
tacteando sobre as minhas tamanquinhas
o escorregadio ringue do boxe dos anónimos
lagartixas que passam e me cospem sua sombra,
velhos lindos de pena
sacudindo os vagares nas suas calças,
e eu subindo o íngreme calo
enquanto me olham aturdidos com o seu pasmo
e as velhas vêm passear as rugas à rua
e são peles de uma canja doentia
e são batas e escarafunchos de pantufas
e estranham o estrangeiro que lhes havia de aparecer
assim incauto sobre a rua doméstica
no lagar ardente da calçada
vagueando uma tristeza idêntica
às bombas de água reprimidas.

Eu quisera subir outras coisas que não a vida,
desencravar da pele meu embaraço,
dizer como quem fareja: pano, basalto, rododendro
ali nos vãos canteiros de beleza,
cuspir a fúria como um caroço que se chuta boca fora
e se extirpa como no tálamo um talo enxuto
p'la lenta ribanceira dos lençóis
de onde desaba a lesma do desejo
das pernas imensas da chama.

Eu queria ser agridoce com a vida.
Eu subindo a rua.

Eu subindo a rua as ruas todas
tentando que a razão em suma resumisse o medo
o caos a inglória confusão dos meus vis actos
e eu repeso enorme aqui comigo
subindo ao coração de que avenida
arcando com o peso do vento na mochila
de todos os meus actos e sufrágios
aqui se confluindo na subida
aqui na Bica a custo
algo soprando e não o vento,
o susto, o puro susto, o puro medo de já não canícula
e agora entorse e agora junco e gengibrado
e podre e carcomido e cevado
e lento e reactivo e enfático
e ursino e suplicando e maltrapilho
e louco e mordiscado e enfim possesso
por todo espanta-eus do meu clangor
que a brisa vespertina traz acaso
da casa que eu às costas me carrego
o paraquedas torto da corcunda.

Vou subindo por mim mesmo,
cantarolando de mim mesmo
as carnes cadavéricas que eu queria
e como a garra de uma máquina de peluches
já grampeio nodosa a minha mão
a minha mão que eu abro e fecho no desejo
p'lo brando brinde que escapa,
rilhando no peluche teso e branco,

›

estraçalhando-o já no desejo,
cobiçando os outros ângulos não revistos
e desdenhoso no desejo já cuspindo-o
para o lixo vagaroso da memória.

Quero palpar todas as curvas destas ruas
e observar como velhotes no jardim dos vãos palitos
as moçoilas que ora sobem ora descem
levando as suas gâmbias a uma arrecadação um dia
da velha próstata que as entretinha nos dentes
como o palito de agora na canícula dos velhos.
Aqueles caniços de entre a meia e a bainha das calças,
a meia meia de leite e as calças cor de canja
ou exactamente ao contrário ou nada disso
um formigueiro de varizes que é já nítido,
o coçar por entre ervilhas a ferrugem —
indecoroso que tudo seja
desde o estendal ao firmamento,
o estendal com as suas cuecas e os seus cueiros
e o páramo com as suas estrelas a secar ao sol que nem se veem,
um misto de fofura e papagueio
este meu trânsito desconexo em que me oxido
no zinco da avestruz que agora passa
e a gaita de outra coisa nem bem Marrocos
mas um bric-à-brac de sons e chispas.

Quero a fanfarra dos simples, o augusto coreto das sombras!
Onde estou que não me encontro?
Eu tenho uma fome assassina, de descarnar os cabos
das costelas, de estraçalhar milagres biológicos,
a existência miserável de seres que eram antes vivos
e agora enfeitam o cemitério do meu prato.
Esta afluência ao restaurante põe-me doido! ›

Este querer comer como eu quero este querer cuspir como eu
[quero
este sapo que se pede à sobremesa
e o café da ordem que é de lei
e o palito que volta ao velho dente
e a perninha que entesa a mole calça
e a musa que vai — Nefertiti! Ulalá! Nefertiti!
Uma Nefertiti sem tirar nem pôr, ó mor,
que curvas, um busto, o do Neues, cuspido e escarrado!
E ela balança egípcia e arredonda a saia
(e importa-me lá bem se era saia o que ela era)
mas negra de azeviche
e nem bem negra se bem o penso
(e importa-me lá bem se era negra de azeviche)
mas aquele busto contrastando com bustos estupefactos,
do Fialho, do Hintze, da República,
aquele busto autêntico e vivo
oximoro dos velhos que respiram
e rapam de entre as costelas
as últimas golfadas de ar
que armazenaram dos oxalás de ontem
e aqui esbanjam nos nem pensar de hoje,
botija miserável que os bafeja.
Pois da sandália altiva em que se encontram
e da alpargata espúria em que me movo
mais a mais vos digo:
Sim, senhora, Nefertiti, rainha de pombalino marfim,
busto sobre dois paus de canela
remexendo poções da vária vagem.

a minha canícula, o meu fémur subindo paulatino
o chiado do esforço
em direcção a nada que se veja   ›

queimando etapas, lojas de ferragens, artigos psicadélicos,
chumbos, módulos, retrosaria escamando na vidraça
como peixe seco enforcado
e o cão desenrolando a língua da esgana
e a lenta procissão da construção:
o berbequim, o estuque, a alvenaria por trás do verde bibe,
o cascalho, a brita, o pilão,
e surgindo repentino o trolha como de uma catástrofe levantado
polvilhado do pó do detrito como num vaudeville de Coney Island
um bojangles da trincha e do reboco
com a cosmética pobre do palhaço
armado com a paleta corrosiva da massa
como um pintor de paisagens bucolista.

Eu quero que a cidade sofra de não ser eu.
Que os campos desistam de me sofrer.
Que as bolsas capitulem, que os patos grasnem,
que as silvas valsem, que os tempos mudem.
Eu sou o vosso messias que se distraiu por um par de pernas,
um messias que se perdeu por um rabo de saia
e persegue a sua cruz nem convicto nem ausente
e arfando cai nas pedras como o amante decadente.

Ai milongas, tangos, boleros!
Que ouço eu que não a mim?
Um berbequim furando-me o tédio nos ouvidos,
a rebarbadora afinada,
o moscardo que lembro ao frigorífico
e agora constato no regresso
(embora eu não tivesse saído nunca e nunca agora regressado).

Este silêncio que madruga e me preenche
monge andando sobre os tacos da oração   ›

e tudo em mim renasce e vale a pena
se só sobrar em mim uma aflição
de qualquer coisa plena se truncada
de qualquer coisa benta e conspurcada
de em parte ser em mim e em parte errada
andar atrás de mim no que me perca
e enfim achar insano o decumbente
leito e o leite frio entornado
deleite que não foi e nem se espera.

Ó lírica deserta e avariada dos planos transfixos e demorados,
alguém que me desmonte e desmantele
e me ache e me desperte e desconcerte
e a pontapé me encha de recados
roendo os meus ouvidos com a reza
dos dentes de sedenta oração.
Eu tombo pelos cantos, nada leio,
limito-me a esperar que Deus me acuda
e durmo nos pontões sobre o chocalho
das boias dos bidões que são claquetes
baquetas percutindo nos linóleos
das águas sempre sôfregas do tédio.

E eu planto estrelas, e eu cravo os grampos da secura
nas pregas nestas ondas deste incêndio.
Um crucifixo que eu beijasse inteiro
aos pés da cama altar do que eu lá fosse
e desse a presumir de ser diferente
e até que eu fosse inteiro me remisse
uma oração moderna, a cantilena, algoz balada,
fronte, dedo, gume, risco, o mundo,
o que quer que emboscasse o vil segundo
de mim que deva ser de mim primeiro.

Que eu sou uma muralha de mim mesmo.
Que eu sou bocejo, juta, silicone,
e ardendo de demora do que tardo
me elejo o realejo da praceta, a cançoneta parva
do pedinte, a cana do ceguinho e do paul.
São tantas, tantas vozes, tantas carnes,
amásias, vós sois todas de se ter
que eu garimpeiro triste das palavras a vós todas invoco
e em vossa marmorite eu já me plisso.

Ousai, ó presas dessa branda história,
reclusas por de mim ainda não serdes,
ousai soltar os trincos das anáguas
e estraçalhar os vínculos dos cintos.

Que eu seja em vez de vós, mediador,
o vosso sítio, o meio de chegardes
a sítio e já nenhum e todos comigo.

הָלָס

Eu queria era esperar, esperar convicto qualquer coisa,
espetar a sola desta pata, a minha vida toda
na sórdida parede da aldeia, cidade que me enchesse de modorra
e eu visse vir o tédio da colina
como um eléctrico turístico e argênteo
da curva acorcovada da espera
e nada acontecesse de contínuo, e eu fosse
um filamento, um cabo técnico,
um artefacto, ou vulto de repente
sobre a sobra vespertina e já escura
de cidadãos decentes e ocupados
que em transe me cruzassem e por mim enfim
e toda a porcaria.

Ó filhas desse tempo que imagino,
mortais moles
que eu fosse um animal de mil tremores
medindo o pulso às casas e às locandas
um magro rei cevado de imundície
dos planos impossíveis de tremendos,
a escória da punção, a pinça extirpando o pus
do que de mim foi ontem e outra voz.

A escamação da casa, a exúvia
que ela é de mim, a casca
da pessoa ali pousada, invólucro
de onde exclamo o novo berço
nascença que eu reclamo
onde em ardente cama assim descama
a vã metamorfose do que me creia.

הָלַס

A erva do diabo — diz-se — é boa para as borboletas.
Estes factos comovem-me.
Salto de alegria dos pés à cabeça
na minha sola chaplinesca,
tento encontrar o meu lugar no mundo.

O jasmim é à esquerda,
os brincos-de-princesa à direita.
Se eu fosse de partir seria um trem ou uma china.
Na porcelana de mim mesmo e dos meus sonhos
vou acariciando o que me falta desta tarde.

הָלֵס

Neste restaurante em que me demoro
não importa o que apeteça, o que se peça
servem-me sempre o mesmo.
Tem muitos pratos como o céu moradas,
o cardápio é um tomo iluminado:
propõe-me gozos insondáveis.
Mas quando o pionés do dedo
aterra no frango ou na solha
atiram-me sempre umas carnes vagas e lentas
vagamente familiares e tristes.
E se reclamo, se apupo,
é apenas para meu espectáculo interior;
para o reclamo do lugar pouco lhe dá
e nada muda — que singular!

Só o meu apetite é plural e eu gostaria...

E de beber então que caricato!
Lá vem de quando em vez o jarro
com a asa fendida, dois terços de mutilada
como uma aptérix curiosa de uma asa só —
lá bebo o mosto
e nem desgosto mas
verdadeiramente bebo
a desfaçatez do desapego,
procurando o tal grão na asa
de quem não morre mas também não voa,
a mão de mineiro
na face nédia de bebé.

E o pão, quão vário!
Na sua cesta de vime integral;
Não sei se o fume se o lamente...

A vida é assim repetitiva...
Não importa o que apeteça, o que peça
é insensível aos meus caprichos
como alfaiate de sempre a mesma fazenda.
E dá-me as carnes, os mostos, as tostas
a contento
e eu saio vexado e lento
como um pedinte escorraçado
de augusta atrapalhação.

הָלָס

O joelho do camelo, o nó da árvore,
o caule do gengibre, rizomas:
atletas, viandantes, místicos
turbantes, puxos, caracóis,

a missão de San Juan Bautista,

o plácido bolo
deposto no escaparate fluorescente
da confeitaria
no seu sono de búzio:

a torção
nas suas mais diversas modalidades
deixa-me apreensivo —

suspende-me o fôlego,
começo a respirar tranças de
ar.

הָלֶס

O honesto, o ilustre, o boa pessoa
que aqui se segue e segue
não concorda com o desacordo do mundo.

Este irá só
ignorando o porquê de seguir desirmanado
como um camicase apontado aos bueiros.

O céu azul um mar de pernas para o ar.
Bebe desse pensamento
e aceita o sal que há na chuva.

A loucura que o proteja
agora e sempre
amén.

הָלֵס

Na profundidade de campo deste tubo
atiro prospectivo e desiludido entusiasmo
de um sábado à noite em vir de metro
enquanto a viagem vai sendo fatiada
e reparo na estação da minha infância
e reparo na estação onde fui feliz ou triste
e por pouco o tempo para ou quase hesita
naquele abrir de portas qual cortina
drapeada pelo vento das funduras
bafo de Plutão
e assoma em mim alento, o lento Atlântico,
as altas árvores por cima como se eu o húmus
andasse vagueando sob as águas
que os seus finos braços das raízes reclamam
para o começo do seu ser antes de ser.

O lugar onde se foi e foi é sempre belo ou triste.
A composição lá solavanca, como um boi que se levanta
da lentura da terra quando há calor,
o cocheiro escoiceia o xilofone ao animal
e lá vamos nós mortos de sono
ou fome ou sede ou nojo ou lance
na minha fome e sede de quem devora
na decomposição lenta desta cápsula
na composição que enfim reata a força.

Há sempre um grande sono no metro derradeiro.
Bocados de pessoas, lascas de alegrias, o sismo incessante,
metrónomo dos tristes, da composição que leva as gentes
na engatilhada trepidação, no trémulo cinzelar de eterna brita
e as descarrega na incerteza da sua vida
afluindo das tocas várias como ginetas crepusculares ›

após a descarga dos eléctrodos
para a toca ainda mais lenta onde dormem.

A fealdade intrínseca das bocas,
as vigias por onde passa o filme brusco das entre-estações
e eu metido em tudo e em todos
não só da vida que já não sou
como da vida que eu não fui e não serei
como de tudo antes de tudo e nada depois de nada,
zeloso de zelota de este e aquele e de eu por mim
chupado como água das biqueiras
única emoção desta canícula.

Eu simpaticamente penso nos outros.
Eu dou-lhes o benefício de os pensar.
Eu dou-lhes o cumprimento de os olhar.
Eu estendo-lhes a mão do pensamento.
Eu sendo o bode afio na barbicha
a fonte de onde o sangue brotará de fontanário
para dessedentar o turista engalanado de olhos
e jorrar hemofílico sobre o baile dos vampiros
como uma bomba de água que explodisse na ciranda dos putos
entontecendo juntos como tribos austrais
na joeira da cidade estrangulada.

E agora outra estação, outro vazio,
outro prenúncio do que fosse se possível.
A carruagem engatilhou no silêncio provisório.
Estacou. Gripou.
A carruagem lá vai ela agora que me sacode
e me tritura em fina moagem de gente que por dentro chora,
as estações em que me estaco
e me estaciono por instantes ›

e onde sou cada identidade de momento
para logo ser outro em cada esquina
como uma putéfia de mim por mim esperando
e já me ouvindo à distância enfastiada.

הָלֵס

Bisonte
(2016)

Flores

I

Tudo isto me parece terrível.
Todas estas flores de que não sei o nome
parecendo trepar pelo ar, suspensas no equilíbrio de Satã,
deformadas, varicosas, impudentes,
cacarejando na noite.
Eu, acoitado, encarando-as à meia-noite,
figuras espectrais, abortivas,
viciosas a cada centímetro do seu talo.
A flora demencial que neste pátio assoma
interpela-me, alguma coisa tem comigo.
Só a tosse, súbita, de dentro me encoraja
atravessando a janela do quarto.
São estilhaços da voz amada,
meu emblema contra a raiva fria
de todos os dias e deste ainda,
um escudo santo
contra as invectivas de Lúcifer.

Que todos me desamparassem
não o choram estas estranhas, antes
rubricam tortuosas como epicentros
do galo.
Não poderei ir atrás do tempo
por entre os meus dedos escoado:
cada dedo pelo menos um remorso maior
no meu ábaco de angústia.

O que estas flores e estas folhas me dizem
é ainda outra coisa. Nas suas saias de varas
um modo de se estar preso
na contrição inapelável do *fait accompli*.
São ainda exosqueletos, a artrite ágil
disseminada, dessedentada.

Lá mais ao longe espanta-espíritos
pascem: o rebanho de Satã,
uma nuvem de dúcteis trevas,
fantasmas combalidos
de cordeiros
arrancados ao Pai.
Agora estes são cajados:
forma torpe de sede.

II

Esperastes-me, flores.
Insaciáveis mas pacientes
como alguém sabendo-se intocado
pelo falso avanço do tempo,
indómitas nos vossos nervos secos
dispersando-se apenas ilusoriamente
para tentaculares permanecerdes irrepreensíveis
na ilusão imóvel da vossa depredação.
Mostrais-vos superadoras
do mais ínfimo estado
com os vossos nódulos frios
e a vossa água paralisada.

À distância
o cerro invário,
o badalo da devastação da música,
todas estas não caducas sombras.
Esta espera não me servirá.
Os meus dias diante de mim inúteis.
A minha bela criança dorme
a meu desfavor.

*

Escarpas e Éolo

O vento acoita-se nas cigarras:
estas transformando harpas eólicas
numa sensação monomaníaca,
motosserra em surdina.
Os grandes vermelhos entram
na terra
debruçados no repentino
azul.

Um suicida passa
do sangue ao céu
no sentido precípite descendente.
O olhar cai primeiro.
As ravinas não amortecem o amor
caído: antes desfralda-se como uma gaivota
mas sem pano
uma desamparada queda o convida
ao céu rugoso de baixo.

As cigarras são a última
paragem

dos seus sentidos
antes de a língua morder
o vento puro.
*

Brejo

na sua camuflada paciência,
a rã no charco:
tu não a vês.

os olhos
duas bolhas
de uma botija inflamável.

Coração do lago,
a rã ameaça
deflagrar.
*

Totem

O totem.
O para-raios de toda a acção.
Buda do silêncio,

oblata fugaz
para o consolo do nada,

antena ancestral

aplacando tribulações
da tribo,
animal que se mexeu,
corvo, tigre.

Alto trigo.

Só a terra não logrou
estar quieta.

A terra   erra
ainda.
*

Ferrugem

A ferrugem é um animal:
boi almiscarado vagueando a tundra,
fugindo ao embate da cópula,
acoitando o sexo

ejaculando o sol
no ferro da chapa.

Todos estes carros, amálgama
sob os viadutos,
um flúmen sobre o qual me sento
e me choro
como um deus desde as nuvens.

Abrasiva língua no lábio dos cromados
quando os sarcófagos
fremem
ao lancinante sol.

Lambo o mal como do lombo
um tetrápode catando
um gnu.

O consolo do calcário:
chapa convidando corrosiva
salamandra,
gramíneas ganhando os *putti*
nos frescos.

Tudo deve ser despertado:
como Cristo lácteo
acordando da sua pietà.

*

A partir de Respighi

A câmara antes dos pinheiros
banindo crise, crítica e problema.
Mas não é estranho, Isabel,
que nunca tendo visto o sol
assim prefira a clausura
dos bosques
em busca do pai
deixando ao crepúsculo
a câmara das cores
pela inclinação sinfónica do músculo?

Ou o verismo
das composições perfeitas,
o clavicórdio dos troncos,
as subidas cordas tangidas pelo vento
no seu etéreo regato
vibrando nos altos pinhos
como fósforos para a deflagração
dos baixos.

Ficaremos por um compromisso,
pelo espectro irisado
fulgindo nas pinhas
como granadas adormecidas.

Se engulo um pinhão
porque não me cresce dentro
um pinheiro?
Ou por outra: quando me entra   ›

toda a música
para onde vai,
porque não me soo
a composição que respiguei?

*

Às pinhas

Não tomes esse ónibus para a loucura.
Se os gritos ventos são que te impelem
para a ermida insana da noite escura
no relento de ti mesmo
é melhor acolheres a tal palavra,
aquela memória que sempre funcionou,
um devaneio no fracasso intempestivo
quando tudo à tua volta se solta em bloco
ou alastra como um metal, tório, por exemplo,
e dispõe as pedras e os druidas
em círculo e uma poção se bebe do poço
de desejos
ou então de todo o aço
do lago.

És um gigante com pés botos,
um grande deus caprino e filosófico
mas demoníaco por vezes, por vezes maligno,
entoando a tua canção quando o vento tange
as tripas à tua fome
ou o bambu no biombo
e a janela é toda a tua tela
para o universal.

Quando dentro estás mas a tua alma fora
pelas ululantes charnecas da demência

errou

saltando cercas, moitas, vales,
a bela e pedregosa urze
e a atolada turfa
sufocando o oxigénio,
quando pareças a salvo e te creias são
a matéria em decomposição
de toda a tua mãe e o teu gelo
será um magro coração
para te aquecer quando por calor
em troca deres o esquecimento.

O que é certo é que tu já partiras.
Partiras há muito,
há muito já partiras.

Um dia — e podes precisá-lo, podes situá-lo —
e nada do que empreendas
ou nada que agora reclames
há-de enviar-te esse emissário de ti
de regresso à paz do teu lar,
chega a cerveja, o fanal na tormenta,
o pavilhão nacional da tua jangada
dentada e romba
habitando o lunático congenial da mesa,
na proa da mesa,
partilhando com quase gente
a tua aparência de pessoa.
Sê precavido, todavia: estarás só
na tua dissociação, donde a solidão
será metade

quando camiões ou qualquer transitoriedade do real
interpelando-te no seu falharem-te por pouco ›

te desfecharem em som ou matéria
o campanário adormecido
da tua pacata aldeia
deduzirás algo mas ainda não uma conclusão,
infirmarás uma tendência, uma sensação
mas não ainda a amálgama amniótica
do ser cumprido.
Persevera.
O gemido na vegetação não será nunca aplacado.
Dançarás com os ventos despedaçados
que marinheiros mais experimentados
souberam manobrar.
Um pequeno roedor, um mustelídeo,
será terrífico e simbólico, como carcoma
amputando a perna da cadeira.

Qualquer coisa que mexa.
A metafísica turbulência da inércia.
A dinâmica imperial da xilogravura.
A plástica de Absalom.
Quando na marquesa quiserem dissecar-te
não te encontrarão já,
como alguém à boleia subitamente apeado
deixando a asfixiante vagem
por uma alma a monte
pelos campos.
*

Como o apicultor

Como o apicultor que extrai de acúlea lida
o melífluo derrame
assim presenteio quem me reclame
com meus espinhos, ferrão, noite, altura.

O meu transporte, a solidão da noite,
o cofre-forte,
o touro luzidio
arrependendo os dias.
E de facto as minhas penas
e a constrição contrita
dos meus eus passados.

Muito tenho orado e lamentado
sob este muro cimeiro e gradeado
batendo como o pássaro que fende
o tronco na empresa da sua casa livre,
como um louco à porta de nenhum lado,
como uma guilda de beneméritos perdidos,
dando pequenas pancadinhas,

pequenas pancadinhas
com a minha machadinha de patriarca,
comendo o gelo da espera
e o degelo do desespero,
o inchaço desta pera
a fim de abrir acaso um furo
no tímpano do Altíssimo
e lhe extrair num derrame   ›

toda a luz cativa na treva,
alguma bênção sobejante, a caspa
da sua graça:

sobre a minha cabeça porém
o solidéu de estrelas
é a tampa da tonsura.

No carrossel dos meus altos e baixos
escolho a girafa.
*

O vento

Porque não há nada em vez de tudo? — perguntou
o cientista. — Tudo me cansa:
a tentativa, o esforço, o consegui-lo.
Tudo é redondamente inútil:
o desejo, o seu decesso.
O confronto de ideias então
apavora-me. Até mesmo a ideia de
começar a falar,
a indústria de se ganhar algo, o movimento
são desgastantes antes de si.

Tudo é absolutamente a mesma coisa.
Nada conquista nada.
O vento é.
*

Deslocação das nuvens

I

Aquela ali sentada no lounge do pré-céu,
aquela ali sentada
como se a *coziness* entrasse no mundo
com todas as suas pernas rebatidas
naquele jeito tão seu de se sentar —
tão a tisana e ervanária, folheando o folheto do mundo
com a distância asséptica das unhas queridas,
aquela ali sentada consigo
enrolando-se de gemendo o despertar das falangetas
da preguiça contra um céu arruivando
enquanto alguém há-de ser este nome
agora anunciado pela última chamada —
e todos querem ser Elias —
apenas um nome deixado no coador de ecos
do altifalante, um nome que se deixa em terra
cada vez mais impreciso já cada vez mais
vago, afastando-se.

Amo as salas de espera das coisas.
Amo-me em trânsito para nula parte,
passar o dedo ocioso pela ramela da vista
e ver a vida suspensa no *portemanteau* da espera.
Amo a solidão da limpeza,
o cotão invisível das coisas escondidas e frustradas,
as muitas vidas em torvelinho no súbito do momento
e eu coado, desnatado, à solta pelo destino.

Assim que tudo me interesse, de passageiro.
De passagem pela vida estamos eu, esta e aquele anunciado,
e ainda que vamos em cápsulas diferentes
tendemos ao mesmo lugar
e nem estar na *coziness* do antes
nem no stress de depois
exime uma do momento da chamada
ou outro de perder mesmo perdendo
o zepelim que de nós fará bolas de sabão
e desfará aquelas pernas
e aquele nome ausente e abstracto
num estalar do bubão em plena viagem.

Mas nesse ínterim de prever as coisas
enquanto me passeio sórdido pela análise frívola
e me contento neste cofiar do bigode da espera
é com gozo que me junto às cataratas de tudo e toda a gente
nesta ínfima amostra de nada e de ninguém.
Assim me esquivo obtuso por entre os amplos corredores
e me entretenho a palhinha ruminadora entre os dentes
como em grandes espaços a massa de uma besta
desaparecendo no cinemascópio da natura
como um cotão ele próprio
contra o barro em fogo que o imola.

Não preciso de ninguém para aqui chegado
vendo as garras do leão no nédio lombo do iaque
perceber que o sol cadente será um chuveiro de sangue
sob os colmilhos da tarde,
que os bichos possam sofrer a ânsia crepuscular
e aceitem o desmame das caravanas lentas
pela rápida intrusão na folhagem do anonimato.

Os nossos momentos passam antes de nós.
A minha felicidade foi aquele avião riscando o céu.

Quando me encontram na rua encontram
aquele que ali foi e não aquele que lá vai
entre amor e morte amortecido
de gatas apoiado sobre as ulnas do desalento,
o cotovelo arrimo dos desesperados,
todas as mãos do mundo sobre a minha cabeça.

Nesta câmara de descompressão,
preparatória entre o que foi e o que vem,
eu vomito palavras e diascevasta de mim
torno a engoli-las, nutrindo-me do meu vómito,
reciclando o que disse no que direi,
assim que a minha fome a engula e nada diga
porque nada há a dizer
senão um silêncio mais vasto do que a consciência
e a descrição inútil de tudo o que acontece.
Eu venho em trânsito de mim mesmo para aquele além que
                                                             [eu serei
tão mais do que fora alguma vez algum lugar,
acordando do sono de mim para o sonho de além-eu
ali no baldaquino da troposfera (que bom ser ali por fim um lugar!)
transumância da hesitação,
alegria de qualquer coisa com,
uma pálpebra fechada de golfinho,
um cocktail polinésio, qualquer serviço a bordo,
a sombrinha para o bulevar dos céus.

Quando for do casebre para a torre
ali hei-de alicerçar todo o meu mundo,
despir o fato vagaroso em que me amanso   ›

e subir para o meu farol lá em Alhures
onde sendo visto ou adivinhado serei já subido
o bastante para não descer.
E ante este portão em que me espero e me sonho
e me impaciento galante e gentil-homem como cavalo de *dressage*
antevejo-me as rédeas a sinetas incrustadas,
hei-de ser um carrilhão de címbalos concordes
e não já este batente em que percuto o meu desejo.

Pois upa, ao céu! Leviatã, aqui tens o teu Pinóquio!
Serei tão contentemente eu lá além de mim,
cruzando os plainos frios do etéreo!
E aqui meu entretanto, quando já descalço as âncoras que calço,
a nave vai de mim já bem partindo
e ulteriormente hei-de ser no meu eremitério
aquilo que me preparo para a leveza,
aqui já desfasado do que fica,
dizendo adeus, adeus aos mundos, às miríades, às cassiopeias,
firmando um estendal galáctico
como aldeia engalanada para o seu santo,
abrindo alas para o músculo da fanfarra
estropiando como saturno o miolo da festa.

E aquela ali sentada, para onde foi?
Terá ido entretanto, sido chamada,
uma Marga que voara e eu não me despedira
e assim é que está bem e eu também.

Nos detritos costeiros no ancinho do refluxo
lugares vazios, revistas, copos plásticos
ainda quentes de os massajarem,
a terra devastada da antepartida,
o fecho do portão.

II

Aqui neste ínfimo ponto desta madrugada banal
escrevo, sacudindo o vexame do peso antepassado
de mais lesta mão e a cada manhã
acendendo a luz ao espaço comercial ensonado,
àquilo que me persegue sendo real ou não,
a todas as grelhas que me aprisionam o olhar
demorado ante o estacionário recluso
inanimado e por isso um conforto cansado para a alma.

Aqui neste ínfimo ponto preferia o estrato ou o nimboestrato,
alguma coisa de chumbo e baixo
e ínfimo a que respeito e reporto.
Altas almofadas sobre mim pendem
e nelas recosto a minha cabeça para o meu sonho acordado
e entretenho pontual e ocasional a lavandisca
ou qualquer forma de ave
e passo revista aos camiões musculados e admiráveis
na sua contrária falange repetida e transitória
da sua notável firmeza de irem para o lugar aonde eu não
conduzidos pela mão de cabos insones
como lobos do mar sem sal
mas empoleirados nas suas carlingas
como no cesto da gávea o grumete sonhador.

Eis que por mim passam
e eu os admiro o serem máquinas moles
operando com um coração no caixotim da carlinga
como um antepassado obtuso e fixo
indo para nenhures ou para alhures ou lá para onde vão
e eu sentir-me pequeno por insignificante e ínfimo ›

porque nada na minha passagem lhes faz jus
a toda a sua potência máscula, hirsuta e decidida.
Eles cheios de tatuagens e reclamos
e eu cheio de nada que me valha
a nada apitando a minha triste canção,
aqui na agrimensura do tempo,
cismando no meu despertar tardio,
esfregando as carúnculas que de mim ou de outro nada têm
porque iguais a tudo poderiam ser de todos.

Admiro de Lázaro o lazer,
o modo como cozinha o seu próprio ócio decadente,
a sua fécula de batata, o seu amido,
e temo pelas tantas almas da gafaria
ininterruptas no seu sofrimento
e nesse ínterim de as pensar
me esboroo como pão recesso de se dar aos patos
— os patos de nenhum poema em particular —
apenas aqueles que patinam esporádicos
no eu os ver patinar e eles tolerarem-me.

Deveria agradecer?
Deveria lamentar-me?
Deveria estar de facto desperto
ou de facto a dormir?
Serei uma aberração?
Sim, sê-lo-ei.

Os meus amigos estão numerados.
A cama acusa a dor de uma ruína
como um reumatismo tácito *ex tempore*
corroendo a pedra da sua *gravitas*, ›

carcomendo a pedra da nossa esperança.
Aqui não te poderia eu, pedra, dizer-te: porque tu o és
e em ti edificarei a minha igreja

que eles vêm à matança.
Que eles vêm ao matadouro.
Que eles formam fila indiana para serem degolados e curtidos
                                              [e decepados
como tronco de David
carregando o sinete de Isaque
e o cutelo do seu pai pendendo sobre eles
como este estrato plúmbeo
no seu aço embotado de se afiar na carne.
A minha almofada é a pedra de amolar:
as chispas assobiam.
Quando a luz se encavalita no travejamento
o fogo cospe a sua saliva de limalha.

Num château quem dera dormisse entre uma moldura pesada
meu rosto sobre os meus sucessores
ou sobre quem distraído passasse
de visita pensada ou casual.
Quem dera dormisse sobre o futuro,
atirando um olhar lancinante e mustelídeo
sobre o futuro
entre a manta da minha moldura
rebarbativo e solene
moderadamente pio e ancilar talvez.

Ficaria ali a fitá-los como de um muro
alguém do outro lado da lida.
E assim chegaria muito bem para o presente momento,

seria um pouco cândido e um pouco cívico
mas a amargura e o enfado deste mundo
seriam a medida de quem assim me visse
fático e autoritário
na pesada armação do caixotão
como uma peça intrigante a meio do percurso
voluntário ou distraído.
Pareço diariamente despertar com essa disposição.
Vejo tudo como visitantes por mim adentro
e sou eu por falar nisso quem os visita.

III

Namoro as pessoas saudáveis e naturais
aparentemente estranhas ao ridículo
quotidiano da minha vida.
Já me ganharam. Parecem vestidas.
Sirvo um deus ébrio.
Haverá mais beleza do que a de um bebé
e o seu bibe?
A paisagem é triste como uma lezíria.
Reclino oblíqua a cabeça num paul de auto
comiseração, sou de mim minha comoção,
estou por dentro conformado:

— Como domar-te? — Volta para casa.
Tempus fugit. Tempus fugit.
— O tempo é um comboio de carga. Não pode ser travado.
Se o souberas...

Aquela vaca plantada no Ganges,
diria Renoir, ela rumina-me
quando qual barcaça
leitosa, coalhada, uma carcaça passa
de outra aquela vaca ali
ruminando remorsos.
Bebo o Ganges de penálti.

E sonho com mim
sobre o tampo do tempo,
quando o ábaco do gás
ascende à grande nuvem
do níveo cume
e a cada sorvo sorvo oblívio
do áureo líquido menir.

O bisonte pasce a erva benta
conquistando rarefeito o grande espaço
agoráfobo,
panavision.
Porei a Podláquia a fermentar
nesta noite mezzofria:
brindarei a Oliver Twist.

Estou tão arrependido dos dias que hão-de vir.

IV

Estou tão sozinho no terminal de camionetas da vida
(no meu quartinho — quem diria — no meu quartinho),
estou cheio de pneumáticos no temor da alma.

Aquelas baleias-brancas e as suas canções chiantes
e eu aqui amarrado a um mastro de vela nenhuma,
ao pavilhão nacional em farrapos
pelo meu choro amordaçado,
só sal nas colinas das ondas
e tremura.

Que dor de não sentir nada
e sentir todo um mundo!
Uma inquietação estática atropela-me e acomete
como clarão cegante de repetidos faróis
que me encandeiam coelho em estrada casual
no instantâneo relâmpago da fotografia do agressor,
a minha moby-dick é um galgo rojando o pó da noite
varrendo o concreto de me surpreender por acaso lá.

Escolhas acertadas eu não fiz
aqui no solavanco do momento
na bipolar balança que é a vida
qual bomba de vareta em má jazida
me extraio e sou de novo o meu lamento.
Ah, tanta coisa em mim por explorar
e tempo de pouca sobra para me sobrar
em face daqueles cintilantes bolbos.

Mas nada novamente eu,
só sonho e peso
sobre os meus olhos aturdidos
e o ferro das minhas pálpebras
descerrado na antecolisão das coisas.
Quem as eleva, leves que elas são?
Que vivo no petróleo do meu sono
e o ouro da aurora deixo ao vento,

›

que eu sou um prospector de outra coisa
além naquela esguia curva adiante:
outra curva ainda?

Além, a escuridão
é todo o meu petróleo.
*

Em viagem

Estes são pontilhistas:
os insectos na transparência do vidro.
Galgamos o alcatrão
como um alcatraz das estradas
e o que era aquilo? Um pretérito
se o gerúndio do macadame o não declinasse.

Procuramos o nosso caminho sempre lateral
por entre oliveiras e sobreiros
e mais sobranceiros
deparamos com a cegonha
(ou seria um peneireiro?).

Moemos essa e outras perguntas;
temos muitas palhinhas para entreter nos dentes,
ruminando a paisagem do gado vácuo
e contando gado ovelhum
no nosso sonho acordado.
*

Oblívio

Deitei-me numa cama cheia de puzzles.
Os sábados são dias equívocos,
óleo boiando, um movimento vago,
didascálias para um monólogo.
E agora é directa: gumes rombos rondando a têmpora
um plano saliente de frívolos objectos
como uma paisagem modernista
ou um beliche visto da perspectiva
do soldado raso até ao ponto de fuga das suas botas
no lado oposto da cama. Meu legionário.

Percorres com o olhar por oxigénio nos recantos
mas tudo é pestilência fabril,
químicos ociosos vigiando a fábrica
por onde o olhar respira
e para as árvores aspira, bronquíolos a céu aberto,
para onde os trabalhadores se dirigem
da fuligem dos dias
para os domingos de tarde
atravessando as ruas
como panos rasgados de embarcações cansadas
golpeando as águas, a invectiva das chuvas,
o estupor de uma guarida breve
na pastelaria impermeável.

E ninguém chegara. Ninguém era esperado.
Mais tarde confirmámos o itinerário
pela luz amortecida das tardes
onde a sombra já ressumbrara o seu lacre espesso   ›

abandonando as angras e a genuflexão durara
um instante antes de os botes
serem surpreendidos no sarampo do crepúsculo
com os fortes ocres e as ruas
de vago entreposto. Imitávamos
os nossos próprios passos,
adivinhava-se Caravaggio
mas isso sugestionavam-nos as vielas
mais do que as villas consulares
e as têmporas convidando o quebrar
do marulhar das ondas.

O resto seria o branco e pictóricos ónibus
reverberando o lume das suas cores,
resistindo ao estertor do sol,
vaqueiro solitário,
deixando a cidade como um pária,
com as suas esporas cravadas nos artelhos
de tanto picar o lombo dos homens,
com fogueiras muito mais vivas,
e então a palidez da lua
e a sua safra de patenas
ingentes aonde levávamos os olhos adolescentes
para nelas firmarmos um desejo.
E algumas piscavam-nos de volta
como que dizendo: espero-te bem,
mas nada de bom nos esperando,
nós também perdidas, perdidas no imo do universo,
nós poalha na toalha do firmamento,
caspa em casaco de cigano.
Sabíamos então que nos retiráramos da ciência
para dar lugar à cilada da juventude.

Tínhamos tudo: o clangor dos barcos, o seu langor,
o seu torpor de não torpedeiro,
o seu vagaroso vogar, como vacas pascendo
e depois mais perto da pedra
esferovite, estilhas, óleo, alga: garras flácidas
encarceradas na espuma,
motivos de apreensão
porquanto olhando para o lado alguma coisa se fora
para dar lugar a um vazio lógico,
uma proposição quase,
um sentimento.

Perdêramos o nosso caminho
por entre rododendros, glicínias, dragoeiros,
por entre aliterações de ramos
perfurando o pulmão da noite.
Éramos a vasilha tombada, o rombo inaugural.
Muito estava ainda por vir
porém tardando.
A noite fechava-se e éramos tristes.

*

Cavalos

Andrei Rublev, o teu cavalo,
irreprimível vitral,
a sua coreografia hipnótica
em labaredas de negro,
a *dressage* de sombras,
a chuva, a chuva, Anatoly Solonitsyn,
não me é mais querido.

As notícias foram cruéis pouco antes
neste dia de Natal.
Um cavalo na estrada súbita,
não o de um pintor de ícones
mas o da vida ortodoxa e cruel,
pôs freio a dois carros,
como um deus decidindo
a orfandade de duas crianças
pela rodovia.

E tu, iconoclasta —
alguém radiante anunciando-te
a ti e ao teu cavalo impossível
numa reposição em grande formato —
para o diabo tu
mais todos os cavalos,

Whistlejacket, Bucéfalo, Copenhaga.

Oh, minhas criancinhas!
Um fogo demencial não bastaria

para todos os cavalos de pau
relinchando demoníacos nos vossos quartos!

Oh minhas todas crianças
órfãs de cavalitas!
*

Banco de jardim

Pouco uso venho dando a bancos de jardim
mas no ínterim
pareço ter mais tempo para eles
(quando o tempo para mim se vai encurtando),
cada vez mais estáveis e compreensivos
e pensativos —
que o pensamento é um lugar sentado
e não tendo lugar onde repousar as mãos
não me resta mais do que fazer do meu o meu regaço
enquanto assim recolho a história aparente
e não contraditada
dos meus dias sobre a terra.

Toda a vida longa é uma vida imperfeita
assim como todo o poema longo,
e os dias longos acumulam contrições,
falácias, a tentação loquaz.

E contudo estas formigas...
as suas possíveis parábolas,
industriosas, de facto,
carregando as suas sombras e o seu pão
que o granito parece dar-lhes
misteriosa e liberalmente
desde as entranhas da terra,

um rio de formigas,
algumas estéreis,
egípcias,

›

gizando uma pirâmide de pão
algures sob a terra.

E aquela pavoa além...
Anteontem tinha três filhotes,
mas hoje apenas dois.
O que será do terceiro?
Subitamente sinto saudades do terceiro
e uma melancolia antecipada
e um desgosto já,
meu Deus que saudades do terceiro eu já...

Algumas pessoas cruzam este banco,
recém-casadas, núbeis, meros pombinhos
delicodoces
contrastando com a vida,
com as notícias se eu quisesse
como o homem das castanhas as suas castanhas servindo
dentro de más novas fuliginosas
tiram fotografias,
assumindo o fracasso do tempo passado,
e eu só espero não ficar anónimo
nas fotografias delas, no açúcar sacarino
das fotografias delas
(já basta ficar anónimo nas fotografias de mim),
ali esquecido, embaraçado, mumificado
no sarcófago da fotografia, no abominável passe-partout
ou no álbum florido e escabroso
por que passei sem querer.

E, claro, os pombos
com os seus pés botos
e o seu *pectus carinatum*,   ›

todas estas criaturas do Senhor
e mais ou menos iguais entre os homens,
ensimesmados, habitando os parques da vida
com o seu voto de protesto,
rilhando gengibre,
quase a triparem.

Oxalá o meu banco de jardim
Fosse uma plataforma
mas nem tenho para onde,
e cada dia uma vida
antes do fim.

Nada há de novo debaixo do sol
apenas velhas tias julgando-se num solário.

Todos os trabalhos dos homens são inúteis
e no entanto tantos.
A vida nada é. E contudo tudo.
Estas minhas palavras migalhas
sob o banco do jardim, pão
estilhaçado para pombos,
para as egípcias formigas.
*

A um corcunda

Alguns homens não são pombos
mas patrulham pelos fins de tarde a cidade
à cata de esmola nos marcos do lixo
como de uma carta que lha deixassem
os carteiros casuais.

Este, por exemplo,
de bócio dorsal
e jornal
como antebraço da sua senhorita a si dado
que inexiste no instante em que o vejo
e inexiste no instante em que o não vejo
(e como me entristece que possa inexistir a tal sua senhorita)
escanhoado, do tipo respeitável, um senhor em suma que passa
fungando nos contentores,
espreitando o acaso de uma carta que lhe interesse
nas ranhuras das papeleiras municipais.

Como me comove este gentil-homem.
A sua história que eu não sei me comove.
A sua história que eu não sei e quem sabe não terá sido grande.
Este homem que passa e eu nem sei.
Que gravita as rotundas das cidades
como num círculo de Dante
e quem sabe não venha de um passado de futuro
a este presente de eu vê-lo, gentil-pombo,
abrindo o contentor como uma caixa de chocolates
ou mergulhando o braço na papeleira,
e depois seguindo com a sua senhorita de ontem ›

pelo braço
e perdendo-se na minha perda de si
ou na curva em que encurvado entrou.

Que história, que homem, Deus meu!
O que eu lhe imagino...
Tem idade suficiente para ser seu pai.
Acorcovado como um apanhador de turfa
para alimentar os seus sete filhos
de que nenhum sobrou!
E como quis segui-lo o meu coração
E poderia o coração lhe ser tão grande
que não lhe coubesse no peito
e antes assim o encurvasse na sua geba de pombo
quasimodamente ao contrário?

Assim na estepe
o bisonte.

Oh, coração de escoliose, meu irmão,
sobre esta rotunda que vai
me sentei e chorei
o meu dorso são.

*

A tua memória é uma dor constante

A tua memória é uma dor constante
apesar de estares bem e de boa saúde
e bem perto de mim por vezes e não longe
o mais das vezes porém a dor
de te lembrar meu e não possível
quase desde que vieste do Buda esvaziado
me mói e me atormenta

Calçarias o meu coração
a minha dor é uma memória de te ver
e de te pensando te achar próximo
mergulho as mãos na estimativa
e a minha cabeça clama a almofada de quartzo
as espiras da tontura e no tangram te conjugo
e te julgo quiçá próximo

Mãos que se conjugam e dorso
direi nem amor fantasiado como num corso
na abdução do sonho e não Prosérpina
neste carnaval fúnebre o crepe o papelão
o agridoce dragão chinês e a bigorna
cavalgas sobre a cabeça dos plintos e eu
agacho-me num silêncio sob o blitz

Ainda bisonte bisonho mordendo nuvens
mordo a tua cabeça transpiro o teu suor
estou ligado a ti como dois hemisférios
chapa retorcida num sinistro ›

papagaio de papel brandindo sobre a brisa
as mãos pensam-te constantemente
e constantemente as mãos pesam-te

Tudo te pensa e te pesa e te diz estás
em toda a parte és meu centro e circunferência
e mergulhas na terra como um texugo
mergulha no mel e no vidro vibra brande o vento
e és de repente todas as coisas que me sejam
o vinho pernoitando no carvalho
o lobo medindo o seu colmilho contra a lua

Se me faltasses pediria ao mundo a noite
eterna o músculo atrofiando-me os braços
a lenta tarde sobre as janelas o caldo solitário
a mala ali parada ganhando o musgo de móvel
líquenes descendo-me sobre os olhos e os ponteiros
navalhas sobre o tempo a oxidação da faca
embotada falhando resvalando sobre a laranja

quando te toco as bossas das dunas camelo
ruminando o mar cantil que não chega para
aquilo que se vê aquilo que se bebe pelos olhos
és vento que me entra nos poros tornado em funil
espírito santo e albatroz soco no meio da alma
espanta-espíritos de flíper iluminando a noite
a sagrada juventude alguma coisa irlandesa

olha: o meu amor por ti não poderia nunca acabar
no ralenti das coisas a tua memória é uma dor constante
como mercúrio poderia trazer-te camarinhas esferas
como um jogador no amorti da vida e depois a glória ›

na quitina do escaravelho as nossas asas no estojo
como paulo a tito omnia munda mundis
olha: o contrário de imundo é mundo e eu amo-te

*

Inerte

Aqui, neste deserto de mim,
deserto de mim, de qualquer coisa de parecido
com o que me anime ou me corresponda,
uma sugestão de evidência,
a inércia atira-me pratos e urgências mudas
estilhaçando-se em penas de porcelana
e placadas, línguas de louça clamando estrídulas pela calada
arquejando como peixes de silêncio
na cartilagem dos dois fetos com que ouço.

Sou quem espreita e não participa e se deita
sobre a observação como sobre as carnes da amásia
em carmesim constante, um fogo oblongo
demente, mórbido, dolente,
quase nem um gesto — que estou cansado de antes do cansaço,
mesmo o nomear, este escrever isto causa-me
o sono da redundância
como acupunctura num faquir —

quase nem um gesto,
contrário à precisão, ao epicentro do botão,
nada me contraria nem me confirma:
assino todos os estados de alma por conveniência fria,
não levanto os quadris indecisos das manobras
pelo bem comum do pouco que pontual se amealhe.
Estou maçado, maçado, embora não entediado,
antes me descanso e me retiro da lei da terra,
e deserto das humanas obras
como um desertor que escolhe a terra ›

do erro e do ermo, e se entrega à guerra
do pensamento sem nome, sem amálgama de motivo,
tudo me parece temível e frio
como um amuleto ou um artefacto de terror;
o macabro não me move aos espectros translúcidos do medo,
(estou demasiado não nessa), antes uma brisa que se evade
da brisa de inércia de uma janela
me consola e me refresca e me penteia com seus dedos de ninfa
e me acusa e me confirma e evitando-me não me duvida.

Não me levanto se me sinto por sentar ainda.
Não digo nada, não afirmo, não infirmo, nem ponho — pior
[de tudo —
em hipótese, que isso é crê-lo já possível e cansativo,
não cogito nem agito, antes cândido golpeio na rêverie dos
[doidos
a secreta emancipação dos serenos que sobre a secretária se
[deitam
como numa cama impassível e delimitada.

Gosto de coisas no consolo das gavetas.
Todo o movimento que não seja o do vago vagar das vagas
me faz estético ou prático ou opinativo
e me põe um problema filosófico insolúvel
e uma mole mola que se soltou e pungente no cóccix
se afirma e inútil agrava a grave gravidade
e como um palhaço saído de uma caixa
impelido pela falaciosa sinusoide a prumo
de súbito me aterroriza o meu ali estar e o meu ali estive
me convoca ao desconforto e à crise e à insanável conjuntura
de ali já ter estado e ter sido bom e agora ali estar e ser agora mau
e é como se um cão
fosse de repente solto e escorraçado ›

para o miolo do meu cerebelo
para latir em ecos que martelam como gongos siderais
e me desfazem e esfacelam e me metralham
e eu cair antes de mim e o que fundei
ruindo como terracota que à lama se entrega.

Tudo está longe de ser tido em conta.
Dantes era violento e uma palavra pegava fogo,
hoje sou só morto, e o que é pior gosto
e só peço que não despertem as paredes com o vibrato
dos alarmes e a justiça qualquer que ela seja
seja feita noutro lugar que não aqui e não a ouça.
Se puderem esperar pois que esperem.
Que falhem a porta de me baterem.
Qualquer trepidação, um grilo fora do sítio, a novidade mal
                                                     [ponderada
é para mim o gulag, bétulas do pogrom, os cabos da escuta,
as estâncias balneares do holocausto,
as firmes badaladas das horas reais
e concretas dos goivos com que cravo o medo
na xilogravura do momento eterno.

Sobretudo não se perturbe a grande paz
de coisa nenhuma.
E, vós, mirones, malas postais, ferrugem,
deponde a vossa fome dos outros,
sede magnânimos, desviai os vossos carris,
a loucura pontual de me conhecerdes
aqui tão nu, tão seguro, tão sofrido e espectral,
anunciai alhures as vossas grandes novas,
socorrei o condenado que sobe já ao patíbulo de si,
valei às solitárias damas imersas no seu chá, ›

acorrei aos desvalidos adiando o lancil,
sobretudo fazei-me o grande favor de me evitar.

O imóvel é o meu afã, a minha paixão,
o doce desiderato de não tudo,
as malas depredadas com as coisas incautas do dia a dia
caindo
como desamparadas cabeças
de bonecos de testes de choque
agarradas como trapos ao corpo quebrado
formando um cone vulcânico
a vaidade das senhoras que antes passavam,
toda a acumulação de pertences na vala comum dos objectos,
o rigor mortis de tudo o que olha,
os campos de trânsito e as suas brigadas.

Assim, virulento e enfadado,
cada canção é um castigo,
cada canto uma posição.
Se sequer me mova
será a minha cor e não eu
acompanhando o comboio de nuvens
e os seus desfiladeiros suspensos
aplacando os contrastes, a saliência contrastiva,
o contrato do tédio desocupado que se ocupa
de contrair contraentes para o ocioso início
do nervo.
*

Composição a negro cinzento

Aquela além
recolhida, bravia

defenestrando
o olhar, a razão, a fé,

só

pode ser a mãe de Whistler;
a minha não é.
*

Rugas

Esta camisa
perfeitamente passada
pelas rugas
da minha mãe.

*

Obitué

Sobre o seu jornal, sobre a sua mesa,
vergando milímetro a milímetro
sobre a sua morte
como um galo lento —

há qualquer coisa num pensionista,
chupado, sangrado de análises, uma claquete
de ossos para acção nenhuma,
um pessimismo sentado e esquecido,
a saliva gasta ao perpassar o dedo
para folhear o diário
molhado pelo sol:

um bisonte
apanhado num pântano
cheio de eczemas e debicado
por dentes verdes —

Vai-se andando à espera do chegar da hora
ouvi-lhe agora
entre grumos de lábios e cuspo
no seu cardigan musgo
debaixo da sua lã merino —

mais um deixará em breve a estepe
morrendo entre as altas ervas

no mesmo jornal que leu
— parece que foi ontem —
o seu óbito pelo hábito
de outro de si folheado.

*

Ao ler os poetas

Ao ler os poetas
troco com eles a morte
no meu barbitúrico cansado. Falam-me
de dentro
de um mistério, de uma eclusa de
silêncio
vermes industriosos
mas ultimamente no húmus
mumificados.

Falam-me desde a cisterna,
as suas vozes são assombrações:
quase todos mortos nos seus hortos
vêm trazer-me palavras
coroas viçosas
que depositam sobre os meus
ossos

os filamentos da minha forma
sem nervo.

Costumávamos delinear as mãos
ou a giz a macaca
como antecipando a cena de um crime
e um corpo no alcatrão
e agora lemos estes detectives
resolvendo crimes póstumos
nos seus beques e gabardinas, ›

tão distantes
na profunda infância do perdão.

Que lição para a vida
há a retirar de um morto,
do contínuo fôlego das suas últimas palavras?
Que consolo
se de um vivo a solidão procura na
solidão de um morto
a sua companhia,
uma palavra amiga,

a tromba tubular e longa
de uma larva?
*

Aula de natação

Sobrevivemos em extremas condições.
Agora esforçamo-nos por levantar a cabeça
e é uma boia à tona da água
sob a claraboia da catedral
do imenso baptistério

peixes passando para lá
e para cá cardumes
hidráulicos combatendo a gravidade
de nadadores
rastejando, as suas pás trotando a água

como soldados feridos
rebocando as suas pernas
atrás dos seus variegados capacetes
luzidios.
Alguns aleijados, mutilados, alguns torsos

milhares de peixes superficiais
avenidas de combatentes
aflorando as águas,
combatendo as águas
sobrevivendo-lhes —

olha aquele além em plena
fisioterapia, de que guerra veterano?...
tentando combater o adverso
já em pura adversidade
vede-os

sobre as águas vão
nesta república
procuram a igualdade de Atlântida.
A água é a mesma
mas uns são melhores nadadores.

*

Dies irae

O recorte do corpo: metal
e mais metal, os amolgados ossos
contorcem-se na liteira, a liteira
contorce-se sob os ossos,
ferro retorcido, tenazes
isolando o alvo, caranguejos de aço,
a carne uma papa de álcool e pó,
um amasso de dolente amor

e por cima sibilam locustas circum-
-navegando o sufoco,
abafando a interjeição, o licorne atingido —
a espiral desatarraxa para a esquerda —
no dolicocéfalo já anunciando o fuzil
agora dogues, como antes salivantes,
mas antes eram miúdos, agora amálgamas,
chapas recurvas, zinco fervilhando, listrado
tigre que a ninguém mais zurra.

Estes são soldados
e soldados retornam.
Eram soldadinhos de carne,
são soldadinhos de chumbo.
Algumas pernas muito gengibre,
a folha de Flandres a sua condecoração,
duas rodas de catarina
o seu drone.
*

O cansaço do canto

As gentes no mercado os locais na praça
os irmãos de guerra pedem-me poesia dizem
se és poeta deves ter em ti poesia.
Mas isso é tão ilógico quanto dizer de alguém
que se é médico deve ter em si humanidade
ou se bate-chapas amor pela folha de Flandres.
Perdoai, amigos, não sou nenhum animador de rua
nenhum entretém de ocasião nenhum rigoletto —
ponderai se o vosso negócio não será antes rosas
e eu providenciarei os espinhos.

Conjurais-me por beleza. Pois passai ao largo.
Que ideia tão disparatada
que um poeta cante a paixão e para aí pintassilgue
levando ao chilique peitos arfantes
por cadarços torturados. Estais enganados.
A lua ela mesma pode inspirar
tanto o romântico como o assassino (esse romântico)
e uma florista merca tanto o decesso como o enlace.

Oh pelos cardos me comovo — evitai-me! — e pintassilgo sim
eu canto o cansaço do canto.
*

Passageiro frequente
(2013)

Os dias declinando

Tudo o que um dia te foi belo e amplo e prometedor
reúne-o e faz dele forragem e um telhado
para os teus dias inglórios de colmo

porque não haverá um dia um único
que não te aponte as graves falhas do que és
com a lanterna do esplêndido assomo do que foras.

Eu sei-o. Vou olhando-os fixamente nos olhos,
mosca aprisionada na cozedura da teia,
como repentino encontro com um velho conhecido
que julgara não se haver perdido de vista.
*

Uma perda observada

Este não é um amigo: o sardão
penetrando a greta da pedra
e dela escorrendo como uma gota
do pecíolo de uma trepadeira.

Assim que este muro não seja digno
de lamentações, estriado nas suas nervuras
com as suas soluções de continuidade,
o seu silêncio desfeito no grito do granito.

E algumas insistências são inglórias:
a correspondência avolumando-se além
na caixa de correio como vegetação
explorando a fissura da estase.

Por vezes considerar a pedra
levará um de dois a quebrar
e outro a endurecer a sua natureza —
Que dirás da perda? Que dirás da pedra?
*

Agnus Dei

Diante deste anho,
ali, no lugar de tias e tios,
o matadouro foi-se sentando
ano a ano.
*

Casas

As casas. Sonho com as casas.
Sonho com as casas de dentro
e passo pelas casas habitando-as por fora
e penso que as casas são sentenças
que me condenam à liberdade.

As casas. Sonho com as casas.
Gostava de as habitar a todas
e a cada uma delas
e a voar com as asas de dentro
visitante de outras vidas,
vivendo-as e não se me fecharem
como uma blusa ao olhar que se lhes atira
de passagem,
estores que caem como guilhotinas
decapitando o horizonte.

Eu sinto o coração das casas
e voo-me para delas dentro
como um pássaro que mergulhe na vidraça
e entre num azul mais penetrante.

As casas. Sonho com as casas.
Observo-as e por instantes
são minhas e minhas todas
as vidas que eu ensaio
porque de mim sempre me saio.
As casas. Condenam-me a não serem minhas.
Bah! Condeno-as a não terem asas.
*

Imitação de vida

A minha vida...
Conquanto a minha vida seja
uma repetição da minha vida,
conquanto imitação da minha
a minha vida
conquanto minha nem pareça
e não, e seja muito e muito mais
do que a queria,
conquanto vivo me experimente enquanto morto
e enquanto morto a mim me sobreviva
a vida não é mais do que perdê-la
e tanto que a perdi pois
me acho num lugar
por insistente inexistente
passando inversamente nos lugares muito mais
da minha insistência em pensá-los...
Prossigo, pois, é mister que assim prossiga,
mas não trago um carinho por mim mesmo,
antes arrasto o móvel por que me tenho
(que peso, meu Deus, de sê-lo)
conquanto imóvel me detenha
e imóvel me seja o que sou
e tanto do que pense ou faça.
Sou tanto aquilo que não pensei de mim...
Sou tanto aquilo que não sou ou não quis
e tanto por tentar...
Sim... as coisas que eram e não foram...
O que mais ardentemente desejei e não cumpri...   ›

As ondas que se foram para nunca mais...
Oh delírio!
A minha cabeça que anda tão perdida...
*

Nostalgia

Perder uma fotografia
é perder
um momento
duas vezes.

*

Ossétia

Ou como a foto de Karpukhin
a Madonna ampara com o braço um
dos lados do triângulo
e deixa um derradeiro beijo escorrer por ele
até a cabeça morta
do seu menino no catre.

Uma cena difícil: a contenção
das sombras, do chiaroscuro,
o profundo luto quando a luta
cedeu a sua luz.

De preto ela
emoldurando a palidez do seu querido,
o crânio envolto numa ligadura,
halo de mártires.

O inconsolável.

O fotojornalismo
tem fortes influências da renascença.
Algo de terror.
Algo de Leonardo.
*

A ponte

A pênsil ponte
uma parábola,
dossel sobre o rio,
um desapontamento
quando

um corpo cai como um rebite
ou uma lágrima
redundando nas lágrimas do rio,

agora corpo
percutindo junto aos botes
a sua última teimosia.

Ali jaz
na colcha de água
a fugaz sandália do corpo.
De Empédocles tem tudo,
de imortal nada

a não ser um nome
que despiu pensativo
aproveitando uma derradeira vez
a brisa,
que terá sorvido como um touro
da ganadaria
para a morgue da praça,

uma imperceptível última
hesitação
na pênsil ponte.

*

Trigueiros

O trigo: o grito
do sol sobre a terra em flor;
o sémen brotando.

*

Instalação

Uma pequena catarata
na chávena, a trepidação do açúcar.
Bebo hissopo com tomilho-limão
(duas unidades: sede).

Floresce um fogo,
consome-me a fotografia
de nítido canto de conirrostro,
Meu deus, o que faríamos sem a sinestesia,
a sós com o spleen
da sinusite!...

Um cipó desmaiado,
Pietà de contemporânea paisagem.

Múltiplos os olhos dos serpões
do acervo particular da fundação
não cabem no monitor vídeo
nem o milefólio
numa única perspectiva.

Neva nas abóboras
quando o gafanhoto trepa
o musculoso corpo do feijão.

A camomila atiça
os flocos de sol
no cabelo ›

(jardim, planta odorífera, asterácea,
gel de cor e cabelo humano).

Sob a pérgula
a salva-purpúrea casa com o girassol
e já interrompido
o coito de um abelhão com uma alfazema
(cortesia do artista).
*

Spleen

Cemitério de todos os sóis
o mar, cinza
onde habita o beemote do tempo,
a grande baleia do oblívio
sob socalcos de aço,
na chapa recurva,
sucata de toda a metáfora.

Porquê dizê-lo?
Cansaço de o dizer...

O mar é uma maçada.
*

Paredes de vidro

Emocionalmente desidratado,
considero a pia da água benta,
e a ecuménica luz
do vidro maculado parece matar-me a sede
como se um corpo pudesse resplandecer
banhado pela luz filtrada e difusa.

Que mestre de obras gótico
aqui cedeu à gota a luz dos seus dias?
Que mestre-pedreiro,
preferindo à luz natural a luz refracta de Deus,
sacrificou à avitaminose os capitéis dos seus ossos
em nome da mesma luz coalhada e difusa,
a tudo renunciando pelo azul de Chartres?

Que contrafortes e transeptos poupam a minha vida?,
penso, ao considerar o pináculo intacto,
a luz pura no meu rosto, o mistério numerológico,
a maçonaria primeva
das primeiras rosáceas.

Se em oração me deitasse como um monge
com o rosto por terra e os braços afastados em voo
em benta pronação
imitaria este gigante de pedra
mas falharia a volumetria dos tecidos

e o que vemos acima do solo
é o seu espelho subterrâneo   ›

e um penitente que arda pelos céus
deve enterrar os seus desejos em exacta proporção
no submundo como um antípoda de si.

Assim as catedrais se levantam da terra,
gigantes de pedra levantados do pó
como grandes sequoias com varizes
no plutónico húmus,
crescendo das profundas
para as larvas da cegante luz.
*

Paralelepípedos espelhados

Os paralelepípedos espelhados
não respondem
às palavras de ordem
da multidão.

As argênteas falanges
mantêm-se imóveis e silentes
como edifícios frios
contra o céu cinzento

nem reflectem as cores,
antes engolem-nas
na sua palidez metálica,
tingindo-as
ante a especulação da pedra
e do vidro.

Blocos e mais blocos
de destruição criativa.
As caixas de fósforos que nos consomem
em toda a sua cinza
parecem ter ardido já.

Consumindo consumimo-nos.
*

Resistência dos materiais

Ah! Gosto que nada seja!
Preciso que tudo fique aquém de si
para me sentir feliz de meu sossego
sentindo-me eu ainda
aquém de tudo e de mim.

A medida justa de tudo o que respiro
é ser aquém daquilo para que tende
e eu viver em hysteresis
tendendo em esforço mas sendo
a toca material
para onde me recuo
e me recuso.

Contenta-me que não comova a simpatia
da sorte ou o propício vento
e que todas as coisas não tombem
a meu favor.
Contenta-me ser o desajuste inflexo
dos materiais que não fecham ou apertam,
a vã esperança de um esforço
de dois pontos desavindos,
a ponte coarcta ainda que por pouco
que não agrafa duas margens entre si
nem serve de jugo a nenhum rio
ou de parábola à engenharia do ver.

Sou jusante, escusado de mim,
o pior de dois mundos,

o intervalo preciso entre
nada

e coisa nenhuma
mas sendo por pouco tudo
como um sonho acordando.

Ah! Náusea pensada disto tudo!
Colher que abocanho convexa
e não reparo que colher ainda é
sendo contrária.
*

Estou parado

Estou parado
tentando não causar dano
com nenhuma das minhas acções.

Quando parado
sei que há menos possibilidades
de alguma coisa acontecer.

Por isso estou parado
revolvendo os olhos e a cor
como um cavalo-marinho

levitando

como o camaleão
que a própria espera altera
e reveste de cor reagente.

Não me mexerei
até que a inquietude de outros
envie Hermes a minha casa.
*

Velho mestre

O silêncio
de um fruto sobre a mesa,
apenas ferido
por um gume de luz
no meridiano.

Mas nenhuma ameaça,
nem o arnês de dedos
formando-se no horizonte,
apenas o golpe do sol
afiado na vidraça.

Um fruto
é um velho mestre
esperando na luz
as trevas
do amadurecimento.

*

Um lamento

Oh, como aquele coelho coxeando além
a lenta deserção das coisas,
a estranheza súbita do íntimo,
a intimidade súbita do estranho!

Não encontres o teu fim no teu princípio,
fim no teu fim.
Aquele coelho há-de continuar cambaleante
parecendo escapado à tua cartola
para dentro da vegetação

e tu, deixado sob o tule das libélulas
como um soldado ferido
sob as pás de inatingíveis helicópteros,
hás-de perguntar porque partiram coisas
que eram tuas

e ali mesmo
no idílio do lugar
com o arrebol sangrando sobre
os teus ombros
recordar a formatura,
o distante primeiro beijo das coisas
ou certo de um consolo existencial
a ti próprio antes do gesto decisivo,
do sabor sem caroço do mirtilo

que mordesses
como o estalido
que despoletasse
sonolenta mina.

*

Amantes

No limo do linho
polvos
atribulados

no enleio
dos seus
tentáculos

vulneráveis
jorrando tinta
em autodefesa,

como se ameaçados
procurassem
escrever.
*

O baptista

Será uma cisterna
a pia baptismal?

Desço às águas secas
no húmus do poço,
às catacumbas frias.

No poço,
se acaso me dobro,
um pouco mais,
quase sacio o vulto
que parece beber-me.

Mas água apenas a das visões.
Eu sou quem a mim me olho
lá no fundo
como uma Salomé com escarlatina
observando o seu
figo.

Quero cuspir-lhe as locustas
na salva de prata,
mas a minha cabeça
conta os passos da herodíada
relampejando na cisterna.

Amordaço a boca,
tanjo rente as minúsculas cordas
na garganta,

toco ao de leve a maçã de adão
ainda a salvo
da salva.

O cutelo é um bode plangente.
Massajando a garganta penso:
as tonsilas da minha infância,
poderei alguma vez recuperá-las?

Ah, a sala de espera do oblívio!
Na terra do meu queixo
cresce o trigo impassível
à foice vizinha.

Eu faço de uma lâmina
o meu espelho.
*

Repartição quase

Os agrafos
que prendem as folhas outonais,
os frios agrafos
nas folhas brancas,
conforta-me.

Firmados na carne branca
como um gancho
em um esturjão levantado do rio
os agrafos esperam
como éter na boca de corpos impacientes
sob a sinédoque do pince-nez
do funcionário da repartição
camuflado atrás das avencas.

Outros são também agrafos:
a angiologia das árvores
ilusoriamente livres,
o seu sistema vascular
palpitando na terra rígida
prende-as à terra
estacionariamente

com as suas garras de nervo
embutidas na terra firme,
deslocando o macadame
como torrões de açúcar.

As raízes
são a glória suprema
de um guarda-livros.
*

Olhando para trás, ele considera e lamenta

Os meus passos são da errância
que o piso incerto pisei
julgando-o certo
mas já os entrevejo à distância.
Por que ermos me caminhei,
por que anos de inconstância?

Eu não sou eu
agora que meço o que pisei
e as pegadas que eu deixei
são de outro como herança.

Os pés onde os pousei
não foi em chão mas em espelho
e hoje sou já velho,
vejo os pés em que me firmei
que ali pousaram e os deixei,
que o velho passa a criança...

Hoje sou somente o que restei
de todos esses passos apressados
mas que o tempo lá deixou fossilizados
no espelho do vão caminho.

Ó tempo que és daninho!
Ó vigor que és escasso!
Que eu tudo vou deixando no fim
como meu, porém não meu,
como depois eu e antes de mim.

Assim, de mim, a cada passo
de mim mesmo me separo;
sou de mim o meu preparo
e de mim o meu espaço.

Ó pegadas de mim mesmo despegadas,
bocados de mim que abandono
ou só sombras dos meus passos

que me seguis e perseguis,
sombras de passos persistindo
muito tempo depois de mim,
eu já ido e 'inda indo...
*

Já longe vai aquela estrada, aonde
vai ela, nem sei, que a não vejo já...

Vai dar à minha infância, mas por onde
é que eu não sei, não sei voltar eu lá...
*

Os fantasmas inquilinos
(2005)

Os fantasmas inquilinos

O problema dos coágulos: resolvê-lo
no diâmetro de uma árteria comburente,
bypass para aritmética afectiva,
para outras inquirições melancólicas,
o sabor de detroit, aquele diner
agora desmantelado
pela ocupação do karaoke
ou as três objecções da república
e depois a defesa na poética.

A ideia aqui é deformá-la, depois de um intervalo
de tempo, e passar à generalização
ou, como cápsula de segurança, deformar
o enunciado, a fala, por exemplo,
evitando os genitais do verbo, contrariando
contornos até que a linha de raciocínio
uma vez completa e realizada
dispense a morte ao prazer
na sua própria mecânica. A mecânica compulsiva

e atinge o prazer pela observação
do pensamento. Ter uma pulsão escopofílica
pelo pensamento, observar o pensamento
que se depõe exacto em vez do acto
e repeti-lo tautológico depois e depois
porque é breve a identidade da satisfação.
A verdadeira alegria vem
com a trivialidade de poderes ser
sem te consubstanciar, sem que me atenha ›

à tua língua, sem me ater às coisas
que todos os outros podem fazer.

Foi de certo modo assim que ficámos
erectos e insensíveis ao cheiro,
aos produtos olfactivos da memória, embora o vigia
hesite por vezes ao estrépito, um ruído
bem conseguido pode descansá-lo: ninguém está preparado
para o excesso, dir-se-ia: demasiado suspeito
para ser suspeito. Chegue-se
a um compromisso entre dois senhores
que se odeiam, a uma senha com o mesmo dispêndio
de energia, alguma coisa para repetir (o objecto
existe pelo simulacro, pela reprodução de si),

colija-se o material óptico periférico
e conte-se a história que se quer ouvir, narre-se
o violento verbo parenteticamente e no rodapé
do ouvido. A consolação aqui é indiferente: pode ser
um cedro ou a relva rente.
Apenas evitar o nome coagulado
na língua, o jorro que precípite,
esquecer a pele plainada
onde deslizam olhos como lâminas fáceis.
Evitar este estilo. Também o poema
deve esquecer nomes.

*

Nem um verbo me move

Isto é uma natureza morta: o teu compasso
de espera, mênstruo,
contra o priapismo do cálamo.
Tenho velas de aço para os teus ventos
de papel, para a dispersão
dos vocativos. Eu queria estar mais contente
se soubesse haver razões para isso,
depor-te a aporia destes dias
e trabalhar com novas certezas.
Em vez disso skaters faíscam
no centro da minha passagem, no meio
da minha vida
e a sua navegabilidade incondicional
desliza nesta aspereza da retina.

E isto é classe média: o cancro
como solução final; um fecho de braguilha
não esconde o faro latejante dos cães,
a trovoada latente.
Sou o homem do tempo, sou o homem do tempo.
Ando a tentar segurar este grande
aguaceiro que previ, de capote ando
a tentar pospor o optativo
porque na boca levo o gosto do desgosto
e tão sensíveis as papilas ao seu gosto.
Sou o homem do tempo, sou o homem do tempo.
Nem um verbo me move
desta irredutibilidade em desejar.

*

Vou aguçando meu lápis no papel
como quem tem um Ciclope para cegar.
Não sei porquê tanto compromisso,
como se me dependesse a vida
de arar o papel
independente das estações. Independente das estações,
as colheitas são sempre
breves
e não raro a chuva na vidraça
me inquieta como se lá fora
nos campos
medrasse o infortúnio,
como por exemplo Ciclopes que na sega
segasse em vez do belo sempre rente
cabelo de Ceres, sempre hirsuto,
sempre rente.
Vou confiando em que o meu lápis no papel
serve para cegar um Ciclope
que se dê nas sementeiras.
Semeio para matar o que semeei,
para que mirre o grande Ciclope que fiz medrar.
*

Trabalho e trabalho
para dar luz a um pai
na minha solidão de depauperado
arado que nada sulca
porque como um comboio a que faltaram carris
prévios ao meu arado são seus sulcos.

Sou um filho circular. Como um signo
zodiacal sou um filho circular, requer o que faço
aquilo em que me movo
que é aquilo em que me movo
o que faço e como fazê-lo
se não tenho já em que me mova? O que faço
é o que me faz.

Sou comboio e arado e um rodado
sem discos. Sem paralelo em círculos
rotunda tristeza propago
de vertiginosa incubação de vórtices
que ajudo a solidificar: outra vez a sólida
solidão: é fácil a primeira imagem do comboio:

insta à compaixão. E são pesados os bois
circulares que o meu arado
entontece, e vão o rodado
sem discos. Quanto pesarão
bois entontecidos? Como ser pai
quando se é filho?

*

Patos

Os patos que vogavam
os poemas de Mandelstam,
outra vez: os patos que patinavam nos
poemas de Mandelstam
visitaram-me hoje como se fora
sol e um lago limpo
o meu.

E eu, tão indigno de receber
tão puras criaturas, tão brancas,
tentei deter a razão de
tão puras criaturas, tão brancas,
quererem assim aparecer
e logo neste atol,
neste breu.

*

Opacidade

Estúpido outono
a tudo impondo sua ferrugem
como num velho armazém de ferragens
a artrose ganhando dobradiças
e espirais
a parafusos zonzos.

E estas árvores são também
impossíveis: árvores
como furgonetas com seus toldos
esvoaçantes, rangendo
a grande dor da
mudança.

Estúpidas árvores: cada copa
um enleio de fios,
uma instalação eléctrica pública
de Calcutá, fundindo
o céu, seu
capote puindo.

Ou este outono é só
uma betoneira
regurgitando o seu betão zonzo.
Estúpido outono. E que erro
tomar os meus olhos
por um aterro!
*

Carro

Tu para aí sentada
e eu para aqui sentado,
os dois para aqui sentidos
sem nada a dizer.
Levantas-te, e dizes:
dá-me a chave do
carro

(e eu pergunto-me
o que irás fazer ao
carro
e tenho um medo de mil anos)

Percebo agora que
nada foste fazer ao
carro
excepto mijar à porta
mas foi a forma como disseste:
dá-me a chave do
carro
*

> *Belo é quem o bem pratica*
> (provérbio português)

Não quero propósito nenhum sem propósito, Kant
Não quero propositada no belo
tamanha falta de propósito.
Talvez seja vício do pensamento, mas, Kant,
sempre do belo esperei algum propósito,
por exemplo ser bom.
Erro de cálculo meu, com certeza, Kant,
mas que bom seria se o belo fosse bom
ou que algum bem do belo viesse.
Mas nada de bom do belo vem
a não ser ser belo e belo partir,
assim desinteressada
e despropositadamente, Kant.

*

Uma saison nos infernos

Tudo é breve: um deus,
o plâncton, o ferro.

O meu poema é uma miséria
comparado com o teu nome
no edital.

A voragem dos grandes estúdios,
a saída dos operários da fábrica,
a grande depressão
dos trinta anos:

eu bebo
porque se não beber
não conduzo
este corpo a casa.
*

Crítica de Miguel Gomes a
Funny Games de Michael Haneke

Quando surge o primeiro cadáver
depois de Haneke
ter esticado a tensão até o limite
somos abandonados
no vazio.
Os agressores eclipsam-se
como se tivessem sido apenas
uma trágica projecção nascido do tédio
da "upper class".
Ficamos sobre uma televisão
coberta de sangue — onde carros
de granturismo perpetuam o absurdo
movimento circular —
ou sozinhos com as vítimas
num estarrecedor plano-sequência
imóvel
e com mais de cinco minutos.
*

Curfew

Custa pensar com duas mãos o esmalte lento
se a bigorna ou a torre te cresce na cabeça
e as barbas ateiam
um discurso fumoso. A violência da dúvida,
o áureo lúpulo fulgente
afastando a sombra permanente, a tinta
que escorre da falta

e um porto escandinavo onde há
arenque
não bastam para calar o ouvido
nem a neurótica endofasia do escritor;
é preciso
que o instante insista na dura memória
como chuva cinzelando na vidraça

ou então sim então esquecer
ou na ilusão de óptica lembrar
o pequeno filme das férias ou a noite sólida
e ébria tão ébria que se opunha à capitulação
e à retirada para dar lugar à madrugada
quando trincávamos hemisférios
como snacks tardios
mirando a singular mulher — nem era atraente
mas também não era isso que importava —
com fome de abocanhar o mundo
e a sua ciência. Demorávamos
a ser felizes porque tínhamos um caroço
por coração

›

e cingíamos o fecho da couraça
como ameias e merlões na cópula
de duas muralhas
para combater o frio.

Era então que às escamas esquálidas
de alguns lençóis temporões
rumava como que acreditando que
sozinha chegavas
e sozinha acendias todos os fogões
e toda a água.
*

Varanda

Disse: que o corpo devolva
na voragem da altura
o juízo
ou aceite os dois talheres
meticulosamente
dispostos
e a ceia imune.

Ele não tinha verbos para regressar
nem calorias
para abandonar o frio. Ele
na pronação da mão
tinha

o que é que ele tinha mesmo? Ah,
um corrimão
e alguns lanços de escada
para tentar o reatamento

tinha o vento
tépido de um verão maciço,
o ocaso do trevo
e o limão
que repousava como um nenúfar
na bebida barrenta.

Disse: uma pedra aquece no forno
e uma lâmpada bruxuleia —   ›

resolve para já um problema,
concede-lhe isso

tenta o tampo
falho um segundo argumento
ou grava
a chamada transatlântica, o convite:
impulsos bastantes

só

insuficiente voltagem
boiando na banheira
como no líquido amniótico
ou no argonauta: não há voltagem
para este poste adormecido
no fogo cruzado

nem tempo
nem do tempo a pátina
no mogno tíbio
*

Já não é possível enrolar mais esta erva
nos teus dedos;
os teus dedos
já não tocam o nervo da noite
e o fumo violento
que inalas a desinfestar a alma
faz-te vagarosa beleza.

O anzol circular que o teu lábio mordeu,
paixão de peixes,
quer morder o meu
aço. A erva quer ser lua
na crescente inclinação rente.
Eu não quero ser nada.

E está frio, mas não menciono nenhum mês
como o fazem os poetas.
Duas belas balas medem
o calibre dos meus olhos. Cindo nos dedos
outros dedos contorcidos:
o gás é nosso amigo.

Não há grilos na hesitação
do silêncio. Não há mortais desembainhando
navalhas. Hoje longa hespéria
te espero
e assim como um torpor te entro
como fumo
nos pulmões.

*

Piscis

O sistema é hidráulico.
Agora somos verdadeiramente peixes
na balança. O aríete
sumiu-se na muralha levadiça dos dentes:
é um pistão embraiando o ágil inimigo.
Esta é a besta de dois costados
ou o funcionalismo de Kafka. As patas
dianteiras não têm uso,
a máquina ignora o futurismo.
Tento um golpe baixo e absorvo a água.
Ganha o peixe que primeira exaura
toda a água ao outro.
*

Poética

Fechar a tampa do abrigo
e respirar
com serena convulsão
lançado o grande dirigível da escrita

depois retesar o arpão
e espremer o choco polvo
seus tentáculos tensos
na placa marmórea
ou na balança

é um negócio violento,
a testa escreve-se, um mundo progride,
decanta-se a bolha do nível,
esgaça-se a gaze

depois da fenomenologia dos petroleiros
a refinaria,
o guarda-nocturno de olhos
na trovoada e solidão
no monitor.
*

Elementário

O verdadeiro sentido das palavras
é que o poema consiste
em falar do que não pode ser dito a quem
se quer dizer

ou o verdadeiro sentido das palavras
é que o poema consiste
em não falar do que pode ser dito a quem
se quer dizer

ou o verdadeiro sentido das palavras
é que o poema consiste
em não falar do que não pode ser dito a quem
se quer dizer

ou o verdadeiro sentido das palavras
é que o poema consiste
em falar do que pode ser dito a quem
se não quer dizer

isto, claro, partindo do princípio
de que há um sentido das palavras,
verdadeiro, um poema e um
a quem se queira dizer.
*

O meu poema teve um esgotamento nervoso.
Já não suporta mais as palavras.
Diz às palavras: palavras
ide embora,
ide procurar outro poema
onde habitar.

O meu poema tem destas coisas
de vez em quando.
Posso vê-lo: ali distendido
em cama de linho muito branco
sem perspectivas ou desejo

quedando-se num silêncio
pálido
como um poema clorótico.

Pergunto-lhe: posso fazer alguma coisa por ti?
mas apenas me fixa o olhar;
fica ali a fitar-me de olhos vazios
e boca seca.

*

Oblívio
(2017)

PORQUE LHE FUI NEGAR PRUDENTE E LIDO
O balãozinho fácil que me queria
Sabendo eu que cresce esse dia
Em que balões não peça por crescido?
Escolhi ser eu aquele p'ra lição,
Surdina p'ra corneta do seu mimo,
Achei que assim domava o menino
Aquele eu de mim, o que diz não.
Mas vim arrepender-me esvaziado
Porém eu para casa como um flato
De pneu careca, bambo, chão e chato,
Assim aos repelões vim em mau estado —
— Contrito, aos pés do sono deste anjinho
Orei-lhe muitos desse balãozinho!

QUEM ÉS? NÃO TE CONHEÇO, COMPANHEIRO.
Vieste distrair os meus estudos,
Pulando livre em livros tão maçudos;
Que queres, Ícaro, o sol do candeeiro?
De verde-água as asas, rendilhadas,
Translúcido telhado o teu, de tule;
Nervoso voo... o verde voa a azul —
Abriram embaixada aqui as fadas?
Agora és meu estudo nestas linhas.
Fosforescente, a tinta deslumbrante
Os livros me sublimas, mas, radiante,
A ti, crisopa verde, te sublinhas.
Aqui te deixo em paz, apago a luz.
No meu escritório, fada, vá, reluz!

AH, ESPÍRITO DOS BOSQUES, UM FOCINHO
Que sorvesse integral este ar inteiro!
Que aqui é pleno, puro, verdadeiro;
Ah, um nariz que aspire a ser ancinho!
Urbano é vir aqui, deixar a urbe,
A névoa da usina, a noite, o gás,
O grito do granito pela paz,
Que aqui não há indústria que a perturbe!
Que aqui respira-se, é-se, e é tão rural!
Jesu, como amo a vaca, a fraga, a leira!
Ah, possuí-me, encosta, verde pino,
O cerro me possua, a lavradeira!
E até o tolo, o manco, o ébrio, o primo
Me dão desse ar de esterco natural!

SOB O ARAME FARPADO DE ANDORINHAS
Me choro na prisão da Primavera.
Assim aspiro ao Verão e quem me dera
Assim o seco bafo das tardinhas,
Assim fugir aos sinos, às cornetas
Que a soam, evadindo-me à alegria
Da pardalada doida, da asfixia
Dos dentes-de-leão, das borboletas
Que tudo polinizam: o carneiro,
O touro, o lençol do piquenique,
A tosse no Salon: dos lenços chic
À rouca foz dos panos, um chuveiro.
Assim espero o meu esbirro como Inês:
A flor, o feno, o gato, o cruel mês.

NA PLATAFORMA, À BEIRA DE UM ABISMO
Só breve amortecido por um trem
Que expele pelas gárgulas que tem
Dilúvios de vivalmas como um sismo
Correndo do sufoco da enguia
Para a vida lá fora, respirável,
Buscando a vã saída desejável,
A mesma que deixaste e te entedia,
Cogitas, contraciclo da levada:
«E se esta vida a desse às catenárias
E nesta pauta anómala, tartáreas
As linhas, o meu dó soasse em nada?»
Mas não. Entras no trem. E o que entretinhas —
A morte, a vida... — cabe em duas linhas.

AH, GOSTO DA BEBIDA INTELIGENTE!
O lábio do absinto põe-me absorto.
Ambrósia p'ra esta mesa!, sou um porto,
Engarrafado um mar já vê à frente.
Bebia um animal se fermentasse!
Que eu gosto de encostar às lentas cordas,
Sovai-me, vamos, quero ir às bordas!
Da surra da zurrapa me espumasse.
P'ra marca de cerveja: Baudelaire,
P'ra andar aos esses, que eu sou tão certeiro!
Namoro os charcos, sinto-me um bueiro,
Sou um abismo, alguém me finisterre!
E mesmo nesta cruz do meu calvário —
Ah, esponja vinagrenta, ah, sudário!

FAÇAMOS UM SONETO, TU E EU.
Será a tua parte nele escassa.
Já que partiste, és parte do que passa,
De tudo o que foi já e se perdeu.
Façamos dessa fuga a sua arte,
Em busto, um monumento ao momento,
Qualquer coisa de gesso, de cimento,
Porque não de amarante, que não parte?
Sejamos criativos, ó nictémera;
Afinal, nada tenho contra ti.
E bem que gostaria de aqui
Espetar na colecção mais uma efémera.
Se ficas cá ou não é lá contigo
Que amigo não empata, diz-se, amigo.

O MEU IDEAL SÃO TODAS, SEM EXCEPÇÃO.
Não há um só vermelho e ideal.
E o peito, cão de caça, corre igual;
Qualquer perdiz o chama à perdição.
Que cada uma delas tem a falta
Da outra e essa a sua, a fresca brecha
P'ra comprovar da outra a sua pecha,
Assim vai a maré: se abaixa a alta.
Não me revejo numa sem as mais.
Meu peito uma comuna onde cabe
A grande diversão de toda a gente.
Eu é um animal entre animais:
Não é, pois, qualquer uma que o sente.
Persigo uma baleia qual Ahab.

AMEMO-NOS, AO MENOS, JÁ NOS MAÇA
O coração os tantos pulos dados
Lá atrás, na meninice dos enfados;
É hoje um fruto podre numa taça.
A menos que nos ame outro menino
Capaz de nos fazer saltar o muro
Subido e lamentoso do futuro,
Fiquemo-nos em nós, neste destino.
A menos que nos ame uma surpresa,
A menos que haja mais, não mais ou menos,
Amemo-nos, amenos contentemo-nos
Com tudo o que nos temos por certeza.
Não demos à esperança o velho azo,
Que toda a juventude tem um prazo.

MÁ SORTE SER SENHOR DE QUEM NÃO AMA
E amar soturnamente quem venera
E a quem senhora chama (quem lhe dera
Não fosse ter senhor essoutra dama).
Crescer em oração aos pés da cama
Qual vénia em que cresce a dura hera:
Que o escute a vã ausência e o quisera
A sorte tanto a dama que reclama.
É dar-se por contente e enquanto a chama
Servir àquela a quem se desespera,
E assim em dobro serve, e só espera
Que amor que dá não custe a quem não ama.
À força ama, é servo; mas senhor
Mais queria se servir de outro amor.

AMOR, SE NOS TEUS ANOS VINTE E NOVE
Te aproximar de novo velha chama
E eu (doido) maldizer a minha trama
E aiar de jugo ou sorte o que me estorve;
Se por milagre abrires à sina a mão
E por poção dos céus disseres «Voltei»
E se eu p'ra grande espanto ousar «Não sei...
Que é tarde, que me prendem, que é prisão» —
Retira já a vida a este indigno!
Se houver força maior, alguém que o prenda,
Condena a sua alma sem emenda
E que por ti respira, ao maligno!
Não te merecerei... Nem que me impeça
O próprio Deus do céu que assim te ofereça!

ONDE ANDAS, JOGGER, TU, QUE GALOPAVAS,
Galante, passadiça, sobre as dunas,
Rampante, ultrapassavas as escunas
(Ou eram petroleiros que passavas?)
E eu, galgo, jubilado do destino,
Atrás do bom cometa semanal
Seguindo os teus tampões de music hall
Queria ter nas pernas um menino...
Quisera alcançar-te esta tarde
Mas tive uma consulta para as três;
Assim perdi-te: o mar deixaste em vez
P'ra me apagar o fogo que em vão arde.
Aqui, minha alazã, na minha lauda
Ao menos gravo o canto à tua cauda.

PORQUE PEDALA ESTE SEMPRE IGUAL?

Pedala e não sai da sua pista;
A vida é por vezes o ciclista
De estúdio pedalando o pedestal.
Porque pedala ele, cansativo?
Pedala p'ra chegar à grã-saúde.
E eu vejo-lhe descer o ataúde:
Hão-de dizer «baixou à terra activo».
Pedala, vá, pedala, não faz mal;
De tanto pedalares nesse tour
De igual cenário és um novo Artur,
Um velho visionário pelo Graal.
Relincha o seu selim já do esforço;
E à pedivela vai sem ir o corso.

PRIVADO DE VIANDAS, DE ÁGUA E PÃO,
Ao centro do oratório me levei,
E velho, só e enfermo, me elevei
Ao bom sopé leitoso da visão.
«Protege-me», pedi-lhe, à boa Virgem,
«Eleva-me de mim, ao transe intenso
E o tanque estanca, a fonte do que penso»
Porém da altura nada e só vertigem...
A minha oração deixei-lhe aos pés,
Ali depus-lhe as rimas mais cansadas,
O meu bordão já gasto de passadas
Luxúrias, alegrias, plicas, fés.
De preces já não virgem, a Madonna...
Impávida ante avanços, qual matrona.

O JOVEM QUE ERA O JOVEM QUE É CENSURA.
O benjamim está velho mas recorda
O burro, o rio, o autómato de corda,
E fala dos seus dias com ternura.
Porém investe o tempo novos velhos
E o benjamim dos novos é verdugo:
Proclama à nova grei o que é refugo.
O mal moderno culpa p'los artelhos.
E vai de fato novo aos domingos
E engoma as suas rugas no jardim;
Ali rilha gengibre co'o Delfim,
Engraxa o seu cabelo aos respingos.
Assim o benjamim dos jovens que eram
É benjamim dos velhos que hoje esperam.

UM DIA DEIXAREI DE APARECER.
Hei-de cair no chão, perder o pé.
E nada há-de deixar de ser o que é,
Aquilo que antes era antes de eu ser.
Ninguém me sentirá a minha falta.
Já — ei-los! — desertando a minha mesa!
Vão um a um, cevados, dão a presa
A abutres do silêncio... vai-se a malta...
Assim do meu passado passarei
Indemne como nunca houvesse sido
E assim me despedindo, agradecido,
Um dia aquela curva não farei...
Assim me falha amigos, força, anos...
Só nada se retira aos meus enganos.

DO DÚCTIL GATO VEDE O CORPO DURO.
Está morto, não há dúvida, cascudo,
Nenhuma recidiva de veludo,
De vida... ali apenas... só o muro...
Ali no pardo asfalto o pardo gato,
O sétimo de egrégia geração:
Carimbo no betume, um borrão,
Tão dura plasticina, ali transacto.
Ali são tantos gatos, todos num...
E tantas vidas mortas numa morte;
Assim eu tantos fui, ninguém que importe,
E assim que for de nós não foi nenhum...
O gato p'lo tapete... Fim! K.O.!
É já por fim tapete... pó ao pó...

O CÃO DA NOITE ENTROU-ME EM CASA ÀS QUATRO.
E medo, quanto medo nessa hora
Em que o dogue hesitante na demora
Parecia vir a mim, temível, atro!
No dobermann das trevas toda a calma!
Fulgindo dos colmilhos duas luas,
Chegado de lamber decerto as ruas,
Ali flirtava a carne da minha alma —
E ali transido ousei dizer-lhe: «Fora!»
E eu vi na caravana deste cão
Passar por mim tremente a estimação
De um animal temente a estranha espora.
Espanto! O cão de mim mais me temeu;
Temível mais que a morte lhe era eu!

ÀQUELES QUE NOS DERAM VIDA A NÓS
A vida não a damos nós em troca
E é esse o nosso luto, o que nos choca
Após de nossos pais ficarmos sós.
Pensar que nem podemos nós tomá-los
Como eles nos seus braços nos tomaram!
Tomara amor se desse aos que amaram,
Tomara a nós nos braços acordá-los.
Pobrinhos... bamba pele em que é vestida,
Em lasso fato dança a amada carne;
Macabra dança fixa assim descarne
A quem nos deu o hálito da vida!
Arre... o progresso... o orco lambe o mundo!
E, órfico, um bebé chora no fundo...

AS HASTES PENDURADAS DO VEADO,
As presas do possante javali,
Uma raposa aqui, um alce ali,
Na foto um regaleco premiado:
Instantes são, se bem que eternizados
Nas hastes das molduras, para troça
Dos cornos do muflão, da caça grossa.
Parecem estes rir, embalsamados...
Pois a perdiz não há quem a derrube!
E ali uma gravura de uma escuna
Mordendo na aguarela a mole espuma —
Por Santo Huberto! Os fundadores do clube!
Da sua insigne foto de conjunto
Nenhum restou, está tudo bem defunto!

JAMAIS TIVE EU AMOR SENÃO POR TI.
Paixões o vento as trouxe e as levou
Qual ave migratória que pousou
Em temporário ninho onde vivi.
Amor, porém, é ave que povoa
O coração da gente e nele exulta
E ocupa de outra ave mais estulta
O coração partido e o perdoa.
Mas que fazer, se amor o dei ao vento
E sinto o coração ninho vazio
E sinto um grão calor e grande frio
E amo em oração no meu convento?
Eu amo quem amei e me deixou;
Não amo quem pousou — só quem voou.

ALI DO PROMONTÓRIO JOHN DOS PASSOS

Olhei a minha vida lá do alto
E vi o grande mar no seu cobalto
Passar a sua espuma nos meus lapsos.
Pensei lançar-lhe toda a minha vida,
Daquela escarpa anil, à fúria espúmea,
E assim abonançar com uma múmia
Um deus bravio, um touro com a lida.
Mas, oh!, um grande medo, o grande incógnito!
O mar era tão grande e nada era...
Maior absurdo ainda nos espera...
Por vezes fico tenso, obscuro, atónito.
Trocava às vezes tudo... dor danada!
De mim, meu miradouro, me olho... nada.

ARRANHOU-SE NAS ROSAS. ARRANHOU-SE
Mas não pode chorar. Se hoje se arranha
Não chora como ontem, nem o estranha
Como um menino o homem. Habituou-se,
Transpôs ele o tamanho já da dor.
"Arranhei-me", conclui; não "Arranharam-me",
Não corre lamentando-se "Picaram-me!";
Aceita hoje os picos que há na flor.
Olha de antes as lágrimas vertidas
Como um vasto oceano que passou,
Dir-se-á imperador que atravessou
O Rubicão da idade, acúleos, feridas.
Cresceu-lhe o choro. Se hoje um homem chora
É só de não poder chorar agora.

DAQUI SE ENXUGA A LÁGRIMA PASSADA
E o mar é um futuro cristalino
E os barcos nele vogam e o salino
Marulho suspendeu a carneirada.
Parece tudo plano deste cais;
A lousa azul no céu listrada a giz,
Antípoda, marítima, feliz,
Encobre a grande noite ao pobre arrais.
Assim a inocência, além da calma,
Não tendo horizonte além de si,
Não vê o grande pélago que eu vi
Que negro se agiganta além da alma.
O puro coração só vê barquinhos.
E tudo crê conforme aos seus caminhos.

Nó
(2014)

DO VENTRE DA BALEIA ERGUI MEU GRITO:
Senhor! (dizer teu nome só é bom),
Em fé, em fé o digo, mesmo com
Um coração pesado e contrito
Que és de tudo verdade e não mito,
O coração do amor, de todo o dom,
Conquanto seja raro o bem e o bom
E toda a luz aqui me falhe, és grito
Que chama toda a chama de esperança
E acorda a luz que resta à réstia eterna,
Conquanto viva o mártir na espelunca
Da vida (quem espera amiúde alcança)...:
Possa o nazireu preso na cisterna
Sofrer de ser só tarde mas não nunca.

O QUE RESTA, JANELA, DA LIMPEZA
Do meu olhar, pra onde irá, e admira
Que eu não o veja já, o que antes vira?
É só voragem de asas, ou certeza
De lobrigar o vulto da beleza?
Pra onde, sobranceiro, o precipitam
Fulgurações de luz que mal imitam?
Oh, isso é simulacro, não clareza!
À confusão convidas, vil fenestra,
Ao salto triste e ansioso do lamento...
E em meio de vencidos funda fresta
De amor tu abres, festa dos perdidos.
Não vou fazer de ti o meu assento.
Não vá precipitar-me entre caídos.

DEMORO-ME NAS HORAS MAIS TARDIAS.
É tempo que entretenho e o detenho
(P'lo menos no meu espírito o tenho),
É tempo que ficou de outros dias.
E o tempo que me sobra é para nada...
É todo para o meu entardecer.
Gostava, enfim, de ver, enfim, de ter
Por toda a grande casa a pequenada!...
A vida... bem, tem dias... gosto dela...
Mas ela não é nada nem é grande.
Às vezes ela é tudo, às vezes nada.
Enfim... não há senão sem haver bela.
No escuro o tempo para, mesmo que ande.
É um cortejo fúnebre e uma estrada.

SONHANDO DANÇAS, VÍGIL MARCAS PASSO.
Vivendo dormes, vives se adormeces
Na caixinha de música em que esqueces
Como um velho sobre o éter do bagaço.
Oh, em ti rodopias, pobre piasca,
Que sonhas teu compasso visionário,
A falsa valsa, o baile imaginário
Nos clássicos salões da tosca tasca.
E abraços tantos são em que te abraças
Que em sonho lasso o abraço lhe prolongas;
Em aguardente imerso o capitão
Assim aceita os braços de outras braças.
A vida... Porque nela te delongas?
A vida cabe toda num caixão.

SE NÃO TE AMAREM FINGE QUE NÃO AMAS.
E se te amassem outro amariam:
E só a si, se bem que fingiriam
Amar-te e dar-te a ti o que reclamas.
Pois mesmo que te amassem mentiriam.
E se amam outro a si outrossim amam
E noutrem só a si mesmo reclamam,
Que amante e coisa amada se diriam...
E porque hás-de fingir que amam a ti
Se não se amam em ti sequer mas noutro?
Porque hás-de amar alguém que ama nestoutro
A imagem de si mesmo, e só a si?
Esse ama quem não te ama, afinal...
E mesmo que ame, esse é o teu rival.

DÓI-ME O QUE NÃO ESCREVI, E NÃO TIVE EM SORTE,
Como um condor que, abrindo as suas braças
No mais profundo céu, chora as carcaças
Do que não teve em vida nem em morte;
Tudo o que não escrevi é passageiro,
Estação que nestas folhas não detive;
Do que escrevo sou escravo e o mantive
Pra fardo alijado ao mar negreiro
(Que os versos são só palha e porém fardo).
Sofri, mas foi por pouco que o sofri.
Melhor: murchei. Fui flor e nem flori.
Melhor errei. Honrosa a flor que é cardo.
Escrever é dor. Esquecer dor é. Que vício!
É uma hérnia na alma este ofício...

SONETO NÃO ME MINTAS, NÃO ME INVENTES.
Não torças a verdade com as manhas
Subtis dum charlatão, deste em patranhas?
Sê claro, sê frontal, diz-me o que sentes.
Quem te viu, quem te vê... oh, tão diferente
Do que te motivou, do gozo ou pena...
Tu és como um actor levando à cena
Um texto que estudou e alegre mente.
Quem és, que dizes tu, seu impostor!,
Que mal te reconheço... e eu juro
Que passa por mim mesmo o meu perjuro.
Não passas é de um mau imitador!
Perdoo-te o perderes-me... vai, mau espelho...
Soneto, és um logro. Argh... Estás velho!

NÃO BEBAS DA SALIVA DA MÁ LÍNGUA:
Se tem do que falar é por não ter
Do que fala. Serrar um corno é ver
Que a cornucópia amiúde nasce à míngua.
Dão uvas e boatos as vindimas
E Baco é o deus que mais propaga
E a sede vê um cacho numa baga
E um verso apto perde-se em más rimas.
Um grande incêndio chama a fraca frágua;
Oh, muitas são as vozes da discórdia:
E Apate e Dolos, de Éris a concórdia,
São búzios ecoando um mar sem água.
Se o bem resiste ao mal ou se é malvisto
Também de Acaz e Abias houve Cristo.

NINGUÉM SE OPONHA ÀS NÚPCIAS DESTA ESPERANÇA
As núpcias são pro's noivos e a mais velha
Da caixa quer-se viva, e sua centelha,
E aqui casam dois lados de uma aliança.
Ó cépticos convivas cessai prantos
E de Cassandra as negras profecias!
A cruz não é cruzeta de Messias
Só porque ali sofreram ombros santos.
Por uma vez deixai de lado o gume
Da língua má, e de água fazei vinho;
Até o intratável azevinho
Numa estação de paz cala o queixume.
Oh, cale-se pra sempre quem se oponha
Ao belo unir de sonhos de quem sonha.

PENSAR, PRA QUÊ? QUE PENSEM OUTROS. RARO
O pássaro que faz do céu seu ramo.
Eu quero pensar muito é nos que eu amo
Antes que a morte aponte a mim seu faro.
Pensar: que desperdício, que inocência!
Pensar que por pensar virá Atena...
Pensar é sonho, ordenha de éter, pena
Sovada no badminton da ciência.
Que deixarei de mim, um pensamento?
E este meu papel qual tumba fria
Parece querer beber a elegia,
Treinar aqui, qual pedra, o meu lamento...
Ó ópio, Ó óleo, Ó ócio deste ofício!
Pensar que toda a arte é artifício!

ESTE RELÓGIO OUÇO NOITE E DIA
No seu repique dobre a finado.
Finado é o tempo, mal soado...
É meu vizinho o tempo, quem diria?
Aqui, na casa ao lado, o tempo passa.
Se dali não passasse menos mal;
Porém, por tudo passa o animal,
Até p'las más paredes, p'la argamassa.
Em cada quarto canta, até no meu,
Embora faça sala este cuco...
A sério, isto está a pôr-me maluco,
Que durmo nos ponteiros de Morfeu!
Alguém que lhe partisse era os cornos
E me tirasse a tosse a este Cronos!

MEU CORAÇÃO, MEU CORAÇÃO, TU ÉS
Um peixe resgatado ao mar fundo,
Perplexo como um nado dado ao mundo,
Lutando pela vida num convés.
Hefesto, meu Hefesto, quanta luta!
Um dia deixar-me-ás ficar no chão.
Poderia muito bem dizer-se então:
«E o bom ferreiro, agora quem o escuta?»
Ou és no teu compasso um presidiário
Que mede contra a pedra o seu formão
E noite e dia urde uma evasão
Que leve o passo coxo como um fuso.
Ó peixe, ó malho, ó pulso de recluso,
És tu quem mais ordena, operário!

MENISCO, PORQUE CHAMAS, QUE É, ESQUECI-TE?
Ou és da sedição o porta-luz,
Primeiro funcionário de uma cruz,
Um fogo de motim que a turba excite?
Meus ossos, sois ossadas, capelinha
De caprichoso voto, sois as traves
Crestadas de um sinistro, mais entraves,
Paus podres claudicando sob a espinha.
Sou o Museu de História Natural
De mim, que fui tutano, agora cerne
Do que fui, abadia de Tintern,
Só cinzas de fogoso animal.
Eu cismo o sismo lento das raízes,
Que as vigas me desabem... as varizes...

Ó CENTRO DO PRAZER PURO, PARTISTE
E levas o que fui, entre arvoredos,
Como um balão fugido entre os dedos
Qual lágrima excêntrica caíste?
Eu que era tão soberbo no que eu era
Pisando sobre nuvens o meu trote
E ali engalanado fui dichote
De mim mesmo enganado fui quimera.
Ando sem gosto, amargo, sem esperança...
E agora estou tão só, oh, ando triste.
Não sei o que 'inda em mim 'inda resiste
Neste catorze em Julho... Viva a França!
Está frio. Sinto os rins. Nada me anima.
Vai alto o meu balão. Baixa autoestima.

SENHORA COM A NEVE NA CERVIZ,
Autóctone de vila assim esquecida
Do verão dos outros, mole, adormecida,
Sentada sobre si a infeliz.
Um leite vai bebendo pra dormir
(Se bem que ela já durma sobre a mesa...
Paciente é ela, a éter na marquesa),
Seu leito branco um letes, um menir.
De pé, por vezes, (vai-se? mas voltava...)
Qual ave açambarcando mais coisinhas,
Por fim traz mais leitinho, umas natinhas...
Parece sucumbir sobre a cicuta...
Na minha mesa a *stout*... amarga lava...
Tão níveo ou mais seu *shout*, quem o escuta?

SEM CARNE, EMACIADO O MAMUTE,
Das próprias presas presa, das compressas...
Mudou-se o que era, mentem as promessas...
E mudo quase, haverá alguém que o escute?
É todo de marfim o fim, é cedo...
Jaz branco no nevão da enfermaria,
Transfixo, ossudo, um cristo, uma maria...
Sim... foi-se o eterno... chora este aedo...
E a alma mijo, líquido lingote...
Saúdo-te, Rei Midas da diurese!
Opimo o franciscano vai à ascese...
É esta a nossa sorte, o nosso lote...
E na avalanche imensa mais a vala...
Qual caixão! Caberias numa mala.

TRÊS ROSAS CHORAM, BRANCAS E TOMBADAS.
No mármore em murmúrio nada se ouve
E tudo o que é é nada do que houve...
Oblíqua cai a chuva nas lombadas...
Na biblioteca parda tudo tomba:
As rosas, as velhinhas, hirtos círios.
E agora tudo chora, grutas, lírios,
E as gárgulas do choro são a tromba...
É nada o que nos move, a paz, a guerra...
Tanto saber errado e tanto crânio!...
O príncipe é que estava certo, o dânio!
E as rosas murcharão, quem as enterra?
Mas quase me esquecia ao que vinha:
Passar-te a mão p'la pele tão lisinha...

UM RIO SUICIDA-SE, JOÃO.
Toda a vida de um rio para a morte
Se faz e assim nos corre toda a sorte
De planos, toda a pedra, a educação.
Aquela jovem fonte de onde eu vim,
Qual sangue que dos ossos nasce e flui,
Aquele jovem que era já o fui
E agora para a foz corre no fim.
Que sinuosa a minha vida e ingrata!
Por ensombrado vale eu ando... ossadas...
A água morre em água, ah, quem me mata
A sede de viver senão um mar!...
Oh, água doce, em mágoas tão salgadas
Te entregas, que o teu ir é sem voltar...

POR RAMUSIO SEI QUEM FOI CORTÉS
E o grande Montezuma a si tombado,
De Cuzco e do Peru e do Eldorado,
O mezcal de Pizarro González.
Sedento de sangue o gume engomado
Abriu minas na pele índia queimada;
Do carme a pena a carne alimentada
Os ferros sublimou e o chão dourado,
Como os poetas loucos incitando
O assexuado rei até Marrocos
(Num louco uns quantos reinos são só trocos)
Num sonho um pesadelo convocando.
Assim impérios tombam e se gastam.
Dois primos e uns aedos doudos bastam.

CARACOL, EIS-NOS NO MESMO LUGAR.
Que pressa... Tenho andado para lá
E mais depressa ainda para cá
E nem ultrapassei o teu vagar!
Tu és a tartaruga e eu Aquiles.
Meu calcanhar a minha inteira vida...
Ó Sísifo, persegue essa subida
Com alma calma, ainda que vaciles...
És a medida grata dos meus dias.
Saber-te insuperável traz-me alento.
Inglório, o nosso esforço é esquecimento
Quando da vida a bota nos esmaga.
O jardineiro chama-te uma praga.
Tu, praga? Só se for de alegrias!

NOS JUNCOS TANTA FLAUTA E SÓ O VENTO
Lhes sopra a harmonia do silêncio.
Ninguém aqui um canto tente; pense-o
E escutará ressoando o pensamento!
Salve desvãos!, recessos da minh'alma
Que busca num retiro o seu abrigo,
Tudo me enleva! Leva-me contigo,
Ensina-me, Silvano, a tua calma!
Somente o coração percute a paz
Com seu tambor de plúmbeo soldadinho:
Tão vasto o promontório, o baio pinho,
Que dentro dou-me saltos de rapaz!
São galgos os meus olhos, sofro um gozo
Sob um dossel de luz maravilhoso.

DISCRETA FLOR EM BRANCO PRADO, Ó BELA
Figura não caiada em lácteo quadro!
És tu a albina em albino adro,
Por entre estrelas brancas amarela.
E o prado, porque foi ele crescer-te
E aí plantar-te ó astro, rente sol,
Pequena luz na alvura do lençol
Que os dedos do olhar querem colher-te?
No tédio da beleza, da cidade,
Sobressai uma flor e imensa arde
Como um farol em ondas de erva à tarde,
Maravilha fatal da nossa idade.
Num mar de margaridas uma ilha.
Ah, quanto mais se esconde ela mais brilha!

ESTRANHO PARA O MUNDO OUSEI SENTIR
O rente chão das coisas, a crisálida
Manhã, o dilatar da tarde, a pálida
Viúva e o seu cortejo a reluzir.
Sentindo um sentimento pleno, fundo,
Só de ver uma aldeia que dormisse,
Um cão que ladrasse, um trem que partisse...
E eu se ficasse um pouco mais no mundo!...
E adeus, porém, às coisas, eis que parto,
Do mundo não sou, fui um ser de nada.
A aldeia, o cão, o trem só uma estrada
E tudo o que não tive aqui reparto.
Curioso como um monstro se afeiçoa
Ao mundo mau dos homens que o magoa...

MEU DEUS, QUÃO GRANDE É TUDO E TUDO NADA!
Jacó é de Esaú a sua história.
É tudo humilhação de tudo, glória
Fugaz, já no seu fim mal começada.
As montanhas além... que são? De cumes
Mais altos contempladas? E, esses, planos
Mamilos se observados de aeroplanos;
E as nuvens são cotão vistas dos numes.
É tudo um cansaço de outra coisa.
Os velhos vão servir os novos. Vivos
E já nos sobrevivem, 'inda activos
E já no calcanhar um gémeo poisa.
Assim tudo o que pasma tem seu pasmo.
A grande novidade é seu marasmo.

NÃO É SER PESSIMISTA, SÓ NÃO SOU
Optimista, que o péssimo já vi
E o óptimo nem vê-lo, e se o ouvi
Por nada o dei, por voz que não soou.
Não é ser pessimista, pessimista
Destarte não sou, posto que se o péssimo
Novo péssimo achou e se fez décimo
Do que já foi, a ser, fui optimista
Por pensar que o pior não piorasse.
Assim que nesta Nínive sou a *stasis*
Ardendo sob o sol... Se aquele oásis,
A minha sombra, ao menos não escapasse...
Deus dá a aboboreira, Deus a tira.
E nada há noutra vida que eu prefira.

Sonótono
(2007)

ACORDO-TE, MANHÃ, P'RA TE DIZER
Que venhas, muito há a fazer, campos
Reclamam de Ceres seus cuidados, amplos
Estragos fez o gelo, oh, anda ver.
A terra a éter jaz, vem dar-lhe um beijo.
Não tardes, sobe aonde de alabastro
As nuvens joeiradas por seu astro,
Ancinho delicado, mostram pejo.
Teu paramento veste, e aos vitrais
Desprende a sua cor, traz verde à mata,
Depõe as lantejoulas, pobres gemas,
'Té a velha costureira as diz banais.
        Vem, liberta os amantes das algemas
        E mostra ao pescador a rica prata.

É OUTONO E CHOVE NO MEU SONETO.
Pingam as rosas, partem os comboios,
Aquela rapariga de olhos loios
Tapou as belas gemas em véu preto.
O relógio da torre executa as horas:
Brada dobre balada o sino algoz.
Quem sou não foi quem fui, um albatroz
Debica-me quem resto, crava esporas.
Não choram arcadas mas traves mestras,
Arqueia o pé direito do meu dorso;
Num saco levo o corpo, um pobre torso
Que dou aos pobres pombos das fenestras.
      Um sopro do precórdio asfixiado
      Afrouxa a corda e sai triste e cansado.

COM DÚVIDAS TE CREIO, DEUSA VESTA,
Pois temo cobiçar outras janelas
Que no hábito do frio iguais a esta
Me olham com inveja e eu a elas.
Não é que não te ame, só não esqueço
Amores que nunca tive e não terei.
No lar doce à lareira arrefeço
E acordo em leito onde não me deitei.
Temo perder meu verde caule e viço
Em vaso costumeiro e alagado.
Noutro convento almejo ser noviço
E com tanta cruz onde ser pregado?
  Um transe me derriba sobre as patas:
  Que a lágrimas sucedam cataratas.

QUÃO CEDO O TEMPO, ÍMPIO, LADRÃO DE ANOS
Na face me pousou seus lábios vis
De Huno, que a pele arrancam, dão-lhe danos
Com seus másculos ósculos viris.
Num roubo de adições que as fãs espanta
Seu beijo à subtração me soma afãs.
Se as pontadas dão cruz, se o galo canta
Eis que velo e as velas mostram cãs.
Prestidigitador, mendaz, rei momo,
Covarde mostrador que não te vejo;
Dez mais vinte dão menos trinta como?
Já os teus dedos ágeis eu invejo.
      Por trinta moedas trinta e uma dás.
      Restar-me-ão duas só, antes das pás?

HAVERÁ ALGUMA FLOR DE INTEIRO NEGRO,
A negro leite de húmus só nutrida
E tão negra que negro odor haurida
Exale e mude adágio em allegro?
E haverá outra flor? A juventude
Foi perdida, o amor, reposto o medo
Já velho, carcomido, tarda cedo
A certeza, qualquer, não a inquietude.
Gasto, vilta, remorso, dó, mais gasto,
Copioso corno oco agora, osso
Poroso em que me caio, rombo fosso
Do que foi juras, horas de nem rasto.
      A vida é isto e esta vida a anima?
      Valor lhe dão a mais, leviana estima.

NÃO SE AME A COR AO BRUSCO CAMALEÃO
Que é cor de pouca dura e logo a tinge
De outra o instinto, a inconstância, enquanto finge
Ser o mesmo em cândida demão.
Assim são as mulheres que vãos ventos
As mudam quando sopram, glaciais, mudas,
Como inocentes carpas barracudas
Escondem nos seus mares de lamentos.
Triste é quem nelas crê e se comove
Com o branco que juram ter por dentro.
Caiam o coração, dão-lhes o centro,
Gravitam em redor, nada os demove.
  Porque era albino cri que eras albina:
  Albina te ignorava a melanina.

INÓSPITO E HOSTIL, MEUS DOIS AMIGOS,
Discípulos fiéis, nem uma hora
Deixam de vigiar aqui comigo
Os galos pontuais desta demora.
Um lábio leporino tem Hostil,
E Inóspito cenhosa cicatriz,
Mas amiúde lhes troco os nomes, fiz
Hostil Inóspito e Inóspito Hostil.
Não me traem por nada deste mundo
E Só, Fugaz, Precário, Curto, Nem,
Impróprio, Obtuso, Tardo, Só segundo
Conjuram caso venha alguém por bem.
      Tampouco Judas cumpre o seu dever.
      É por de mais, a sério, custa a crer.

QUE ELA VOLTASSE. DIZ AO RAPAZINHO
Que lhe sinto a falta, ah, espada tão tíbia
Que ao rádio obriga, a tez diz-lhe tão nívea
Que lhe guardo p'ra sempre o retratinho.
Que já morreu eu sei o que vivia;
Que só por ter morrido lhe só espero
Que a vida bem lhe vá (tão mal lhe quero).
Que amei, diz-lhe, sim, mais do que devia,
Que eu sei o tarde que é diz-lhe hoje cedo,
Que só agora a quero, à coisa que era,
Que antes não sabia — ah se o soubera! —
Que é póstuma a paixão e prévio o medo.
   Que a vida vem da esquina, é um quiosque,
   Que triste que é, que vã, que asco, que, que...

PORQUE EU QUIS QUE SE FOSSE FOI-SE E É VERÃO.
Foi-se e nem uma gota hesita agora
Do zinco quente, agora que demora
O sol sobre os telhados, e arde o chão
E eu estou contente outra vez, contente
De mim comigo, as pernas estico-as, faço-o
Em homenagem ao espaço, porque o espaço
É o meu contentamento de ser gente.
Foi-se e é bom que se fosse, que eu fiquei
Com espaço, o espaço de se ter ido,
Co'a magnífica hipérbole do tolo,
Co'a alegria abrindo-a p'lo miolo
  Como pão branco, pão que eu amassei,
  Comendo-a co'a avidez do evadido.

Ó MINHA ALMA, TOPÓNIMO PERDIDO,
Alcatraz evadido, salteadora
Sem saque, a que vens, tenho-te ofendido
Acaso, p'ra que voltes agressora?
Já nem dava por ti se do Geena
Tu não voltasses, linda ingrata, dava-te
Por morta lá em Sines, ou, Helena,
Páris, e se não morta, ah, matava-te!
Em sonhos o teu pai pediu-me ajuda
(Em sonhos que o teu pai nunca me amou)
Que estavas sem sossego, triste e muda
Nas valas da paixão que Dis cavou.
      Tem suas leis sem lei o nosso cérebro:
      Se é fel o bolo o pai ilude o Cérbero.

TAMBÉM TU, LAVANDISCA, SÓ E INCERTA,
Teu caminho bicando nas pedrinhas,
Fazendo a tua trouxa de coisinhas,
Pequena penitente, sempre certa
Do alvo, p'ra onde vais, diz-me, e te sigo,
Que nada aqui me prende ao meu degredo
Excepto uma caminha e um segredo
(Não, não perguntes, não, que não to digo!)
Bem vês, sou como tu. Sou de uma ideia,
Mendigo sombras, hei-de um dia, adiante,
Partir, erguer-me, dar-me ao pó errante
(E já nem água choro mas areia!)
      Mas, tentadora, vai e os seixos leva.
      As pedras destes pés, quem as subleva?

FALEMOS POIS SOBRE ISSO TU E EU.
Que razões aduzir ao concluído?
E entendo, se me deste por vencido
Que mais há a perder p'ra quem perdeu?
Ninguém perdeu, concluis, ganhou-se a dor.
Arbitras e pelejas ao que vejo,
E neste pugilato diz-me o pejo
Que a desistência assiste ao vencedor.
De igual doença um dia enfermávamos
E igual o seu igual iguais curávamos
Até que em seu contrário se derroga
E agora seu contrário é sua droga.
      Contrárias costas peitos gémeos curam
      Até que os pleitos cessem p'lo que duram.

É TARDE QUE TE CANTO OU CEDO FOSTE
Tão surda quanto eu mudo e não tão mudo
Que tu tão cedo ida e tu tão toste
No teu capricho em mim mudasses tudo?
Mudou-se o amor em nada, nada que era.
Um fogo calcinou a sede, é triste.
Arguir: p'ra quê? Dizer: o quê? se insiste
A dor que nada aclara e tudo erra...
Partiste, ó elo fraco desta algema,
Ou se da vide a imagem mais te adivinha
Nem és abraço ou elo, és gavinha,
Zurrapa que hás-de ser p'ra outro Baco.
      Pois parte lá, o verme outro buraco
      Na morte apenas vê, nenhum dilema.

POR QUE TE FOSTE, EFÉMERA, QUANDO MAIS
Te queria eu e mais te amava à força,
E ainda querer-te quero, mas não, corça,
Não vens, corsária que és co'o saque vais.
A grande dor de ti p'ra sempre levo
(Quanto será p'ra sempre me pergunto):
A dor de ser dador de ti defunto
P'ra outro a dou, p'ra outro a escrevo.
Não morro por morreres, nem isso ouso
Que ação supunha em mim, a de morrer
E eu magro, inerme e gasto de viver
Já estou, e até ao choro dei repouso.
  Em ti falhei, falhar-te é meu acerto,
  País que sofro, sangue que não verto.

A UM SINAL, A UM SINAL TEU SOMENTE EU,
Esquecida a grande dor do mundo, ou crida
Não tão grande assim, eu, depois de em vida
P'ra nada ter vivido, quem ma deu?,
Depois de haver perdido, de vencido
A ver seguir, salário de quem olha
P'ra trás, como a mulher de Ló, e, olha,
Não tão esquecido assim, que distraído
A não lembre e não chore, que foi já,
Que amortecido e velho e vulnerável
Não sonhe eu mais, conquanto irrealizável
(Que obdurado não sou da vida má),
    Que a um sinal, um sinal teu somente eu
    Não dê salva ao canhão que adormeceu.

SUBTIL SUBLIME EM MIM, TREMENDO MÚSCULO,
Ratinho de ombros de Atlas, dínamo, óleo,
Contra a vontade, rei de alheio sólio,
Massivo manifesto em miúdo opúsculo.
Por que me leva à força assim a vida
Se não subscrevo em nada o seu programa?
Por que me determina arbítrio, chama
Sem fogo, quem ma leva de vencida?
Travo-me de razões enquanto avança,
Locomotiva infrene, rumo ao vago.
É ela quem me traz, mas eu que a trago.
E se anda assim por que sou quem se cansa?
        Mas diz, por que me atrais, com que razão,
        Maquinista, motor sem coração?

EU QUERIA QUE TU VIESSES, MAS NÃO VENS.
Como Milton p'ra Wordsworth, Portugal
Precisa de ti, estamos sós, o mal
Já grassa, é lama. Queria, mas não vens.
Um mundo de desgraças te reclama,
Paquetes, cais, arcádias, reis, armentos,
Ofélias andam loucas em conventos,
Camões (quem é Camões?), nem mesmo o Gama!
É Hora! Onde estás? Que te detém?
Um sono, uma modorra? Quem te amarra?
Pior país não houve, jaz aqui,
Solo nem é, é sola de Bandarra.
      Vem, salva-nos de nós, dos quintos vem!
      Ou um Consolador manda por ti.

CHEGASTE TARDE VINTE ANOS P'LO MENOS
Enquanto considero a agreste rocha
De Helm-Crag, a velha agachada, ou a tocha
De Hastings, apressada nos acenos:
Posídon, touro, os seus terríveis cornos
Afia e acomete a antiga tropa;
Ninguém lhe para a força, nem Europa,
Cunhada, afeita a táureos dorsos mornos.
Nem destes olhos meus as esmeraldas
Se poupam à erosão do muito ver...
Se ao menos tu tardasses e eu esperasse
Mas Cronos deu-te anáguas e a mim fraldas.
       Velhaco. P'ra deus é de pouco crer.
       Fiéis os tem, aos crentes, num impasse.

NÃO SEI, DE TANTO LADO VEM O APELO,
Esta urgência de estar em toda a parte
Vem das cidades, chama-me, ouço: *Parte*
E eu queria, mas não hei-de, não o anelo.
Sou lento, sou lentura, sou um gelo,
Dilato-me por mim, é tudo, arte
De Ártemis que não soube, quis, caçar-te
E em natureza morta pôs desvelo.
Fico-me aqui co'a minha própria pena.
É pena, tanta pena e não me voo,
É chato, tanta tinta e não me escrevo,
Fico-me escravo aqui do meu enjoo.
      Mais tarde quando ouvires a cantilena
      Destrói a carta que eu por mim não devo.

O SOL ABRIU NO MEU SONETO, O SOL,
Estertor de estores, chaga de Satã,
Abrindo cicatrizes, o formol
Formoso de quem passa, leviatã
Do grande mar de essências sublevado,
A éter que ele estava, adormecido
Sobre a marquesa prata, deslavado,
Tombando na corcunda, rei vencido.
Que faço com seus raios, rai's o partam!,
Que houve de chegar a um peito frio?
Ao animal os cheiros sobressaltam;
Acorda a bela fada o breve estio.
      Memória que dormias na tua fossa,
      P'las fossas veio o sol levar-te à bossa.

O NOME, EVITARÁS O NOME, A IDEIA.
Esquece Ítaca, ao contrário do que dizem
Não lembres esse porto, não o pisem
Teus pés na mente mais, desfez-se a teia...
Marujo que ontem foste hoje és de terra,
Em terra as velas plenas não as chames,
Na noite do delírio não o exclames,
O nome, a língua morde, os dentes cerra.
Não digas *Em memória o sonho o sigo*
Que o sonho é futuro sem memória;
Diz antes *Não sou digno desta história*
Nem deste vasto céu, do mar índigo.
      Aceita a tua sorte, às águas lança-a.
      Alija o lastro, o cabo corta, avança!

EM ESPELHOS D'ÁGUA DOO DE ME VER.
Na chapa, folha argêntea, cai a pérola
Qual cobre que o desejo n'água cérula
Lança p'ra que se cumpra o que se quer.
Não sei se o quis alguma vez, se o quis
Qui-lo p'ra compensar uma leveza,
Mas esta moeda agora p'la certeza
De devolver à água um país.
Dir-te-ei: não esperes, tenta lá a sorte
No lado de lá deste gordo mundo.
O poço, este, és tu, globosa vê-se
A luz do teu desejo já ao fundo.
   Adeus! Não ir matava-me. Era morte.
   Um livro outro queria se escrevesse.

O MEU SONETO ENTRE OUTRAS COISAS SERVE
P'ra despistar tremor essencial,
P'ra dactilocantar proporcional
No metro o que é saúde, nervo, verve.

As musas chamo às vezes só p'ra ver
Se as vejo bem; se elipse, paramnésia
A cuido já, e estilo obsessão,
Meu canto de mim mesmo ensurdecer.

É certo que os batuques dos meus dedos
São horas mais e esperam. São da amnésia,
Da folha já crestada e africana
E tu não vires, ao mantra que te engana...
    O meu soneto enche-me de medos;
    Uns aproveito-os bem, os outros não.

NA QUIETUDE DA NOITE IRREQUIETO
Arrasto um pensamento como um móvel,
Comovo-me por dentro mas imóvel
Tropeço na saliência de um afecto.
Hécate, à encruzilhada eis-me chegado:
A noite um touro todo é, seus gumes
Esconde e nada distingo, só queixumes,
Teus mochos de recados. Dou meu lado:
Vem colher-me co'a prata do teu corno!
Eu oro aflita como a mãe do mundo
Dobrada sobre a máquina cursiva
Bordando ao sudário o último adorno...
  Qual bainha p'ra uma espada a fundo
  Me dou. Aranha, vem! Ó morta-viva!

O GRANDE PÉ ME ESMAGA, A DOR ME SOFRE,
Amorfa forma, fardo que a Proteu
Escapa, não a detenho, nem Morfeu,
Insone deus, no escuro do seu cofre.
Assim são nas visões os frustradores,
Barreiras contra a luz, formigas-brancas
Revoltas no seu curso, alavancas
Içando no silêncio os seus motores.
Repito a litania, obnubilo
Na distracção da ideia por segundos
O grande percevejo e construo
Concreto nele um crente tranquilo.
  Sou de ululantes topos, mas nos fundos
  De um leito me debato, luto, suo.

EM PERDÊ-LO SOUBERA ENCONTRÁ-LO?
Procuro uma Atalanta há tanta vida
Que às tantas passou Lizbie distraída
Na sua vida rápida a cavalo.
Em dânios penso, rindo-se de banjos...
É triste e choro e penso se estou são,
Se me prodigalizo a razão
E dou um pontapé no cu dos anjos...
Em Roma sê romano, mas romanos,
Astutos, aos gentios seus costumes
Tomavam se os servissem... que aos seus gumes
Caindo recrutavam Coriolanos!
   Ah, sim, eu queria era estar em Dorset!
   Diz-me uma voz — *Inútil* — e outra — *Esforça-te* —.

AGORA QUE O SISTEMA SE AGREGOU
E eu sou metade bem, meu mal metade,
Um quase cheio mal, meu estar me invade
E vai de perguntar por que não vou?
Onde hoje estou 'inda ontem foi meu rogo
E na garganta ainda levo graças
Por bênçãos ontem répteis hoje garças
Que hoje o ontem é de novo fogo.
Instável ser, mulher, Rosa-dos-ventos,
Subtracto à razão, ao radar de Deus
Patente apenas, que ínvios são os teus
Caminhos, que fugazes teus assentos!
      És como um marinheiro que se enjoa
      Dum calmo mar que evoca a vida boa!

SEUS OLHOS DE ERVA VERDES VER NÃO QUIS
Por medo de outra vez correr querer nela
— Adulto que não sou — saltar cancela
Aos pastos onde os olhos meus os fiz.
Herbívoros, meus olhos os desejam
Carnívoros, doentes de uma febre,
E caçadores creem uma lebre
Já ver ali. São galgos. Já fraquejam.
Que bela planície, área protegida
Que um dia desguardei! A carabina
Tratei de disparar sobre os meus dias...
Pois, olhos, olhai bem por vós, que a vida
   É curta de vistas, velha flausina!
    Pascei a erva, o mais... são aporias...

Posfácio

Mariano Marovatto

Nascido no Porto em 1973, Daniel Jonas tem uma carreira bastante incomum, portentosa mesmo numa terra tão fértil em poetas como Portugal. Publicou, em pouco mais de vinte anos, nove livros de poemas que bastante cedo lhe conferiram prêmios importantes no seu país e na Europa. Como quase todo excelente poeta, Daniel é também tradutor, e não menos admirável; sua obra mais conhecida, *so far*, é a versão para o português de *Paraíso perdido*, fruto ambicioso do seu mestrado em Teoria da Literatura pela Universidade de Lisboa. Tal prática irreprochável da tradução aliada a uma intensa relação com a tradição, aplicadas em conjunto à realidade onde habita a literatura do século XXI (e também o poeta), colocam a poesia de Daniel numa posição única em comparação a dos seus pares geracionais, fazendo-a operar numa peculiar heterodoxia.

Sabendo-se único mestre de seu próprio jogo, Daniel Jonas, assim como os heróis bíblicos do seu nome, ora confia, ora se enfastia do repertório que carrega consigo.* Rasteiramente pode-se, de forma curiosa, observar essa ambivalência pondo lado a lado os dois personagens do Antigo Testamento, reconhecidos por suas peripécias opostas: Daniel foi salvo dos leões porque era leal a Deus acima de tudo, enquanto Jonas, submergido dentro da baleia, contestava o seu. É da tentativa de resolução desse incessante "estado de intermediação"** que surge a voz personalíssima do poeta português. De um

---

* Fato biográfico significativo é que Daniel Jonas desistiu do curso de teologia para dar início efetivamente à sua carreira literária. ** Oswaldo Manuel Silvestre, "Sobre Daniel Jonas". Disponível em: <http://www.osvaldomanuelsilvestre.com/2017/06/23/sobre-daniel-jonas/>.

lado há a herança do profeta admirado pelos reis babilônicos: o que confia sua palavra às fórmulas infalíveis da tradição. Do outro, a do profeta que foge para Társis para escapar de Deus: o que sabe da impossibilidade tópica da poesia diante do falhanço humano.

O livro de Daniel, o profeta, conforme observa Frederico Lourenço, seu tradutor mais recente para o português, é beneficiado pelo fato de que seu desconhecido e verdadeiro autor escreveu no século II a.C. histórias que aconteceram no século VI a.C., ou seja, com o destino inverso do profeta Jonas, Daniel entrou para o cânone religioso como profeta infalível: suas profecias "coroadas de êxito, nunca correm o risco de surgir aos olhos de outras personagens da história com falsas promessas",* pois foram devidamente verificadas historicamente. Crédulo e desprovido de um conhecimento detido sobre a história da escrita da Bíblia, grande parte do público de fiéis confia na infalibilidade do profeta Daniel do século VI a.C. e desconhecem a maestria do jogo literário de seu verdadeiro autor, este sim o infalível de fato, que possui a confortável vantagem de ter nascido quatro séculos depois para contar a história com as devidas argumentação e precisão, maravilhosamente livre de erros. O profeta, assim como a figura do poeta, tem pleno êxito e controle sobre seus leitores porque é um autopsicógrafo, "é um fingidor"; o mais famoso para-choque de caminhão da poesia portuguesa emerge aqui na hora certa. Daniel Jonas confirma não só o seu xará profeta, mas também o profeta Fernando Pessoa: "É preciso ficcionar, criar uma personagem poética que, às vezes, não tem grande ligação comigo, mas também não é um exercício falso. De alguma forma encarnei-me a mim próprio.

---

* Bíblia, vol. III — Antigo Testamento: Os livros proféticos. Tradução de Eduardo Lourenço (Lisboa: Quetzal, 2017), p. 935.

Estou a ser autobiográfico no sentido em que sou o criador".*
Porém, o indefectível é a utopia por excelência na poesia, e para garantir a tensão entre a primazia e convicção da metade Daniel há a mundividência e a dúvida da metade Jonas.

Após ser expelido pelo monstro marinho, Jonas finalmente vai até a cidade não israelita de Nínive, conforme Deus o havia mandado antes, avisar ao povo de lá que se arrependa imediatamente de suas atrocidades ou Deus irá tudo devastar. Nínive crê no profeta e logo se arrepende. Deus, então satisfeito, resolve nada fazer contra a cidade. Eis o nascimento do "paradoxo insanável" de Jonas, de acordo com Terry Eagleton, citado por Lourenço: "O único verdadeiro profeta é um profeta ineficaz, ou seja, um profeta cujas profecias não se materializam. Assim todos os bons profetas são profetas falsos, que desfazem os seus próprios enunciados no próprio ato de os enunciarem".** O não cumprimento da profecia, embora 120 mil vidas tenham sido poupadas com o seu anúncio, faz de Jonas triste e confuso, e ele pede a Deus para que tire sua vida. O profeta então se afasta da cidade, faz para si uma tenda. Deus, então dá a ele uma aboboreira: "e ela subiu por cima da cabeça de Jonas para lhe dar sombra das suas desgraças. E Jonas alegrou-se com grande alegria graças à aboboreira".*** No dia seguinte Deus envia um verme que fulmina a planta. O profeta se deprime de vez. Nas palavras de Frederico Lourenço, "é o brio profissional de Jonas (digamos assim), desacreditado e enxovalhado pelo facto de Deus ter mudado de ideia, que o leva a um estado de depressão suicida".**** A quebra do paradigma empreendida por Daniel, o profeta reescrito no futuro, não ocorre com a história de Jonas (originária do século IV a.C., anterior

---

* Depoimento a Anabela Santos para a revista *Campus*, Porto, n. 001, p. 10, 2017.
** Bíblia, vol. III — Antigo Testamento: Os livros proféticos. Tradução de Eduardo Lourenço (Lisboa: Quetzal, 2017), p. 177.   *** Ibid., p. 186.
**** Ibid., p. 187.

a escritura de Daniel): a metade poeta Jonas não possui o controle que gostaria daquilo que enuncia e sofre porque, por ordens superiores, nunca o possuirá.

Já no século corrente, ao citar e complementar Allen Grossman, Ben Lerner — poeta norte-americano também traduzido por Daniel Jonas — talvez não o saiba, mas está em plena consonância com a afirmação de Eagleton sobre Jonas, no seu *Ódio à poesia*:

> A Poesia nasce do desejo de superar o finito e o histórico — o mundo humano de violência e diferença — e de alcançar o transcendente ou o divino. O apelo que nos leva a escrever um poema, a cantá-lo, vem desse impulso transcendente. Mas, assim que nos movemos desse impulso para o poema propriamente dito, a canção do infinito é comprometida pela finitude dos seus termos. Num sonho, os nossos versos podem derrotar o tempo, as nossas palavras podem sacudir a história do seu uso, podemos representar o que não pode ser representado (por exemplo a criação da própria representação), mas quando despertamos, quando nos juntamos novamente aos nossos amigos à volta da fogueira, regressamos ao mundo humano, obedecendo às suas leis e lógica inflexíveis.*

A história a que Grossman/Lerner se referem é a famosa história de Caedmon, primeiro poeta da língua inglesa cujo falhanço pessoal é exatamente o mesmo do profeta Jonas: não poder alcançar e controlar aquilo que considera uma linguagem divina, seja ela profecia, seja poesia. Daniel Jonas, ciente do binómio que foi batizado, desvendou uma capacidade única para manobrar tal ambivalência; usa da maestria do jogo literário ensinada por Daniel para lidar com o falhanço real da poesia,

---

* Ben Lerner, *Ódio à poesia* (Lisboa: Elsinore, 2017), p. 12.

deflagrado por Jonas. No primeiro soneto de *Nó*, há inesperadamente uma possibilidade de leitura que transforma Jonas em Daniel. O poema começa com "Do ventre da baleia ergui meu grito: Senhor!", alusão cristalina ao profeta Jonas, mas termina com o inesperado quarteto final: "Conquanto viva o mártir na espelunca/ Da vida (quem espera amiúde alcança)...:/ Possa o nazireu preso na cisterna/ Sofrer de ser só tarde mas não nunca": eis Daniel, "nazireu preso na cisterna" que sofre mas não desiste de sua profissão de fé. Por sua vez, Jonas, conta Lourenço, desiste e morre pouco antes de ver Nínive ser varrida do mapa; o que de fato aconteceu.

Dos sete livros representados neste volume, três são dedicados exclusivamente à prática do soneto: *Sonótono*, *Nó* e *Oblívio* (todos premiados). E serão somente estes, segundo o autor:

> O objetivo era fazer três livros de sonetos, objetivo que dou agora por cumprido. Não conto publicar mais, pelo menos sob a forma de livro único. Queria atingir os 150 e tal de Shakespeare. Era um número como outro qualquer e considero que uma trilogia sonetista está bem.

Curiosamente, por conta da tradução de *Paraíso perdido*, tornou-se comum a tentação em se vislumbrar em Milton uma presença quase sufocante sobre a obra sonetista de Jonas, o que não é de todo justo (apesar de constar em *Sonótono* uma tradução de um de seus sonetos). Afinal Daniel Jonas é também tradutor de outros autores da literatura de língua inglesa, como William Shakespeare, Evelyn Waugh, John Berryman, Charles Dickens, Malcolm Lowry, Henry James e William Wordsworth. O primeiro e o último, sonetistas de capacidade reconhecidamente maior do que a de John Milton (ao menos quantitativamente), cuja influência sobre Daniel, numa análise mais cuidadosa que não cabe neste comentário, é de fato palpável. Todavia, importante notar que o soneto inglês, de marcação shakespeariana, quase não aparece em sua obra; percebe-se que o poeta português utiliza, sistematicamente, o decassílabo heroico, com acento marcado na sexta sílaba do verso, invariavelmente. Outras vezes, D.J. utiliza o esquema de Edmund Spenser, mas com frequência também surge o emparelhamento de rimas do modelo de Petrarca e Camões, o que o remete a uma tradição neolatina mais próxima, ou seja: após a radiografia dos sonetos percebe-se que o jogo dicotômico e bilíngue de Daniel é flagrante também estruturalmente.

Já nos livros livres das amarras formais, "versilibristas e torrenciais", o poeta os enlaça de outra maneira: aí a "coesão é tópica", afirma D.J. Tópica, *ma non troppo*. Numa tentativa de domar o alastramento indefinido dos próprios versos, o poeta usa algumas rédeas que o leitor reconhecerá na leitura atrás, seja numa camuflada sequência de versos fixos, num emparelhamento de rimas, ou ainda na sutilidade de aliterações que preparam o terreno para surpreendentes paronomásias — o que também ocorre nos sonetos. Logo, a poesia a priori *desenformada* de Daniel Jonas contém na sua latência a aplicação da máxima de T.S. Eliot sobre o verso livre: "é um grito de guerra pela liberdade, e não há liberdade em arte".* Mais uma vez o poeta português divide-se no cabo de guerra entre Daniel e os leões e Jonas e a baleia. Tal estado de intermediação é também assunto no próprio discurso de alguns poemas como em "Casas", de *Passageiro frequente*:

---

* T.S. Eliot, "Reflexões sobre o verso livre". In: *Ensaios Escolhidos* (Lisboa: Cotovia, 2014), p. 10.

> As casas. Sonho com as casas.
> Observo-as e por instantes
> são minhas e minhas todas
> as vidas que eu ensaio
> porque de mim sempre me saio.
> As casas. Condenam-me a não serem minhas.
> Bah! Condeno-as a não terem asas.

Por fim, é importante afirmar que a peleja interna de Daniel Jonas não é indigna com o leitor. Muito pelo contrário: parafraseando Ruy Belo, é notável nos poemas aqui selecionados justamente a sua "superior dignidade em dar ao leitor a liberdade de um poeta. Em vez de o deixar 'ainda em intolerável luta com palavras e significados', como nos *Quatro quartetos* T.S. Eliot se exprimiu, fornece-lhe uma chave com que ele pode abrir um mundo".* Nesse ponto, Daniel faz uma nova observação:

> Belo é certamente uma das minhas leituras particulares e um dos meus poetas preferidos, por isso evocá-lo será, para o meu caso, sempre uma felicidade e um elogio. Quanto à chave do jogo, não sei se sou muito claro quanto a dar a chave desse jogo, mas recuso a ideia de não a dar, pura e simplesmente. Para dar um exemplo, num poema que pode ser considerado um quebra-cabeça difícil de resolver (quando não um desaforo interpretativo próprio de um autor com manias), a resposta está no próprio poema, inclusivamente figurando sobre a forma anafórica de advérbios que não são mais do que onomatopeias camufladas: "Assim.../ Assim.../ Assim". Refiro-me ao soneto "Sob o arame farpado de andorinhas" [originalmente de *Oblívio*, incluído nesta antologia].

---

* Ruy Belo, "Poesia nova". In: *Na senda da poesia* (Lisboa: Assírio & Alvim, 2002), p. 66.

Para melhor entendimento da trajetória de Daniel Jonas, aqui emoldurada entre os anos 2005 e 2017, decidi por organizar os poemas do mais recente para o mais antigo, bem como pela ordem de entrada conforme foram dispostos pelo próprio poeta nos volumes originais. Tratando-se de material extraordinário e dado por encerrado, os sonetos, conforme exposto acima — também dispostos do mais recente para o mais antigo —, formam um conjunto próprio na segunda parte deste volume. Esta antologia tornou-se possível graças ao convite do editor Leandro Sarmatz, a acolhida e extrema generosidade de Daniel Jonas, além da decisiva ajuda de André Capilé, Paulo Henriques Britto e Anastasia Lukovnikova.

© Daniel Jonas, 2019
Todos os direitos desta edição reservados à Todavia.
A editora manteve a grafia vigente em Portugal.

capa
Paula Carvalho
preparação
Luiza C. Veiga
revisão
Jane Pessoa
Ana Alvares

Dados Internacionais de Catalogação na Publicação (CIP)
——

Jonas, Daniel (1973-)
Os fantasmas inquilinos: Poemas escolhidos: Daniel Jonas
Seleção e posfácio: Mariano Marovatto
São Paulo: Todavia, 1ª ed., 2019
256 páginas

ISBN 978-85-88808-57-7

1. Literatura portuguesa 2. Poesia 3. Antologia
I. Marovatto, Mariano II. Título

CDD 869.1
——

Índice para catálogo sistemático:
1. Literatura portuguesa: Poesia 869.1

Obra apoiada pela Direção-Geral do Livro,
dos Arquivos e das Bibliotecas/Portugal.

todavia
Rua Luís Anhaia, 44
05433.020 São Paulo SP
T. 55 11. 3094 0500
www.todavialivros.com.br

fonte
Register*
papel
Munken print cream
80 g/m²
impressão
Geográfica